खुशहाल जीवन जीने के
व्यावहारिक उपाय

चुन्नीलाल सलूजा

वी एण्ड एस पब्लिशर्स

प्रकाशक

वी एण्ड एस पब्लिशर्स

F-2/16, अंसारी रोड, दरियागंज, नयी दिल्ली-110002
23240026, 23240027 • फैक्स: 011-23240028
E-mail: info@vspublishers.com • Website: www.vspublishers.com

शाखा: हैदराबाद

5-1-707/1, ब्रिज भवन (सेन्ट्रल बैंक ऑफ इण्डिया लेन के पास)
बैंक स्ट्रीट, कोटी, हैदराबाद-500 095
040-24737290
E-mail: vspublishershyd@gmail.com

शाखा : मुम्बई
022-22098268
E-mail: vspublishersmum@gmail.com

Follow us on:

For any assistance sms **VSPUB** to **56161**

All books available at **www.vspublishers.com**

© **कॉपीराइट:** वी एण्ड एस पब्लिशर्स
ISBN 978-93-814486-7-0
संस्करण: 2014

भारतीय कॉपीराइट एक्ट के अन्तर्गत इस पुस्तक के तथा इसमें समाहित सारी सामग्री (रेखा व छायाचित्रों सहित) के सर्वाधिकार प्रकाशक के पास सुरक्षित हैं। इसलिए कोई भी सज्जन इस पुस्तक का नाम, टाइटल डिजाइन, अन्दर का मैटर व चित्र आदि आंशिक या पूर्ण रूप से तोड़-मरोड़ कर एवं किसी भी भाषा में छापने व प्रकाशित करने का साहस न करें, अन्यथा कानूनी तौर पर वे हर्जे-खर्चे व हानि के जिम्मेदार होंगे।

मुद्रक: पुष्प प्रिंट, मौजपुर, दिल्ली

आत्म-विकास की अन्य श्रेष्ठ पुस्तकें

जीवन में सफल होने के उपाय	68/-
सफल वक्ता एवं वाक्-प्रवीण कैसे बनें	96/-
निराशा छोड़ो सुख से जिओ	96/-
खुशहाल जीवन जीने के व्यावहारिक उपाय	96/-
सार्थक जीवन जीने की कला	96/-
मन की उलझनें कैसे सुलझाएं	80/-
भय मुक्त कैसे हों	72/-
व्यवहार कुशलता	60/-
साहस और आत्मविश्वास	80/-
अपना व्यक्तित्व प्रभावशाली कैसे बनाएं	88/-
हां, तुम एक विजेता हो	96/-
धैर्य एवं सहनशीलता	96/-

वी एण्ड एस पब्लिशर्स की पुस्तकें

देश-भर के रेलवे, रोडवेज़ तथा अन्य प्रमुख बुक स्टॉलों पर उपलब्ध हैं। अपनी मनपसंद पुस्तकों की मांग किसी भी नजदीकी बुक स्टॉल से करें। यदि न मिलें, तो हमें पत्र लिखें। हम आपको तुरंत भेज देंगे। इन पुस्तकों की निरंतर जानकारी पाने के लिए विस्तृत सूची-पत्र मंगवाएं या हमारी वेबसाइट देखें!

www.vspublishers.com

महान् कथन...!

जीवन नाम चलने का है।

–जैनेंद्र कुमार

जीना केवल सत्य साधना के लिए,
मरना भी बस सत्य दृष्टि के लिए।
निज समाज को सीख मनोहर दो यही,
आए हम सब सत्य दृष्टि ही के लिए।

–गिरिजादत्त शुक्ल

ज़िंदगी एक कसौटी है। ईश्वर उस पर हमें कस लेता है। नेक काम करके हम कसौटी पर खरे उतरते हैं, तो भगवान् की सच्ची भक्ति करते हैं।

–विनोबा भावे

अहमियत इस बात की नहीं कि हम कितने दिन जिएं, बल्कि इसकी है कि कैसे जिएं।

–बेली

उत्तम कर्म से मनुष्य एक मुहूर्त भी जीवित रहे, तो वह अच्छा है।

–चाणक्य

जिसके जीवित रहने से विद्वान्, मित्र और बंधु-बांधव जीते हैं, उसी का जीना सार्थक है।

–हितोपदेश

जीवन का रहस्य भोग में नहीं है, अपितु अनुभव के द्वारा शिक्षा प्राप्ति में है।

–विवेकानंद

जब तक जीवित हो, तब तक जीवन-कला सीखते हो।

–सेनेका

अपनी बात

मानवता व्यक्ति को श्रेष्ठता प्रदान करती है। वह यदि मानवीय गुणों का पालन न करे, तो स्वयं पर लज्जित तो होता ही है, जीवन की खुशहाली से भी वंचित रह जाता है। आचरण से गिरने पर सामाजिक उपेक्षा उसमें आत्मग्लानि और हीनता की भावना पैदा करती है और वह पश्चात्ताप करने पर विवश होता है। इस असफलता, अपयश, आत्मग्लानि और पश्चात्ताप से बचने का एक मात्र उपाय है व्यक्ति अपने व्यवहार का विश्लेषण करे, अपनी गलतियों तथा बुराइयों को पहचाने और उनकी छाप अपने व्यक्तित्व पर किसी भी तरह न पड़ने दे। इसके लिए आवश्यक है कि व्यक्ति अपने विवेक को जाग्रत करे और चिंतनशील बने।

परिस्थितियां हमारे ही कार्यों का फल हैं। इन्हें कर्म द्वारा बदला या सुधारा जा सकता है। इसलिए मनुष्य को परिस्थितियों का दास बनकर नहीं जीना चाहिए, बल्कि परिस्थितियों को अपने अनुरूप बनाने के लिए निरंतर प्रयास करते रहना चाहिए। विवेकपूर्ण चिंतन, व्यावहारिक सोच और कठिन परिश्रम ही वे माध्यम हैं, जो मनुष्य की प्रगति, सफलता और खुशहाल जीवन जीने में सहायक होते हैं।

मनुष्य सद्गुणों की वास्तविकता से परिचित होता है, किंतु लापरवाही में इसे जीवन में उतार नहीं पाता। वह जो कहता है, उसे कर नहीं पाता। कथनी और करनी का यह अंतर ही असफलताओं का प्रमुख कारण है। इसीलिए व्यक्ति मानसिक तनावों का शिकार होता है और भटक कर 'कस्तूरी कुंडलि बसै, मृग ढूंढ़े वन मांहि' की स्थिति में पहुंच जाता है।

आपके अंदर इच्छा है, साहस है, आत्मविश्वास है, किंतु सही रास्ता न मिल पाने के कारण ये शक्तियां या तो कुंठित हो रही हैं या विध्वंसक कार्यों की ओर बढ़ रही हैं। यदि इनका सदुपयोग हो जाए, तो आपकी निराशाएं सफलताओं में बदल सकती हैं, आपका घर खुशियों की चहचहाहट से भर सकता है, आप अपने और अपने परिवार के सफल निर्माता बन सकते हैं, अपने व्यवहार से समाज को दिशा दे सकते हैं।

आपके खुशहाल जीवन की व्यावहारिक सफलता की इसी आवश्यकता को ध्यान में रखकर ही यह पुस्तक लिखी गई है। पुस्तक की सामग्री आपके व्यक्तिगत जीवन की समस्याओं को सुलझाने में और आपके लिए सफलता के नए द्वार खोलने में सहायक होगी, ऐसा मेरा विश्वास है।

—चुन्नीलाल सलूजा

वास्तव में खुशहाल जीवन में नए-नए रंगों, आदर्शों की कोई सीमा निर्धारित नहीं की जा सकती। मनुष्य स्वयं ही अपने परिवार और सफलताओं के रंग इसमें भरता है। उसकी सफलताएं ही उसे सौभाग्य प्रदान करती हैं और वह अपने-आप को ईश्वर की श्रेष्ठ कृति कहलाने योग्य बनाता है। उसके व्यक्तित्व एवं कृतित्व से ही वह जीवन में महान और सफल बनता है। व्यावहारिक जीवन के विविध पक्ष खुशहाली के ही रहस्य हैं। इसे अपने जीवन में उतारना कोई कठिन कार्य नहीं।

–लेखक की कलम से...

अंदर के पृष्ठों में

जीवन में रंग भरने की सोच	9
परिवार से जुड़ें	15
परिवार में आपका महत्त्व	22
अप्रिय प्रसंगों और हादसों को भूलें	29
गलतियों को न दोहराएं	36
परिचय क्षेत्र बढ़ाएं	42
अलग पहचान बनाएं	49
समझौतावादी सोच पालें	57
मानसिक सोच को व्यापक बनाएं	63
खुश रहें–खुशियां बांटें	69
आकर्षक व्यक्तित्व	74
दिल खोलकर हंसें	82
दांपत्य जीवन को सरस बनाएं	87
सफलता के लिए श्रम करें	96
आत्मघाती सोच–भावुकता	101
कॉकटेल पार्टियों का अर्द्धसत्य	107
हमेशा कुछ नया करने की सोच पालें	112
अवैध संबंधों की मृगतृष्णा से बचें	116
सकारात्मक सोच पालें	121
सत्य का साथ पकड़ें	127
जीने की कला जानें	133

जीवन में रंग भरने की सोच

- चिंतनशील बनें।
- अपने व्यक्तित्व में सद्गुणों का विकास करें।
- स्वास्थ्य पर विशेष ध्यान दें।

जहां भी दो-चार व्यक्ति बैठते हैं, बातचीत घूम-फिरकर आज की सामाजिक अव्यवस्था और नैतिक मूल्यों के ह्रास पर आकर ठहर जाती है। इस अव्यवस्था के लिए कोई सरकार को कोसता है, तो कोई युवा पीढ़ी को, कोई सिनेमा को, तो कोई टी.वी. को। कुछ पढ़े-लिखे लोग जहां इसके लिए शिक्षा प्रणाली को दोषी मानते हैं, वहीं कुछ इसे पश्चिमी सभ्यता का प्रभाव कह कर पल्ला झाड़ लेते हैं। वर्तमान सामाजिक और राजनीतिक व्यवस्था पर यदि हम एक दृष्टि डालें, तो अपराधों का बढ़ता ग्राफ और मानव मूल्यों में आई गिरावट से यह स्पष्ट हो जाएगा कि दोष चाहे जिसका भी हो, लेकिन इतना अवश्य है कि आधुनिकता के इस दौर में जितना अधिक भौतिक विकास हुआ है, उतना ही अधिक नैतिक ह्रास भी हुआ है। भौतिक विकास के क्षेत्र में एक ओर जहां अच्छे-अच्छे बंगले, कोठियां, भवन, फार्म-हाउस, आलीशान होटल बने हैं, वस्त्रों का निर्माण हुआ है, स्वाद के लिए विविध प्रकार के भोज्य-पदार्थों को सजाया-संवारा गया है, टेलीविजन, कंप्यूटर, मोबाइल फोन, मोटरकारों आदि के निर्माण से आदमी से आदमी के बीच की दूरी कम हुई है, वहीं दूसरी ओर आध्यात्मिकता की दृष्टि से मन की सुख-शांति दूर होती जा रही है। ढेर सारी सुख-सुविधाओं के बाद भी हमारा जीवन अव्यवस्थाओं से घिरता जा रहा है। देर से सोना, नींद के लिए करवटें बदलते रहना, शराब या अन्य नशीले पदार्थ जैसे 'काम्पोज' आदि नींद की गोलियां खाकर सोना और नशे की खुमारी में सुबह देर तक सोते रहना अनेक सभ्य लोगों की जीवनशैली बनती जा रही है।

मुझे याद है, स्कूल-जीवन में डॉक्टर हजारी प्रसाद द्विवेदी का एक लेख पढ़ा था, जिसमें जीवन में आ गई इस प्रकार की असंगति और असंतुलन का वर्णन करते हुए उन्होंने लिखा था, "ईमानदारी से मेहनत करके जीविका चलाने वाले निरीह और भोले-भाले श्रमजीवी पिस रहे हैं। झूठ और फरेब का रोजगार करने वाले फल-फूल रहे हैं। ईमानदारी को मूर्खता का पर्याय समझा जाने लगा है।"

यह कैसी प्रगति है : द्विवेदी जी ने जिस असंगति की ओर संकेत किया है, वह आज हमारे चरित्र का हिस्सा बन गई है। कमाल तो यह है कि इस गलती को हम गर्व के साथ प्रगति समझ बैठे हैं। यह कैसी प्रगति है कि एक ओर ईमानदारी को मूर्खता का पर्याय समझे जाने की बात कही जाती है, तो दूसरी ओर प्रगतिशील समाज भौतिकता के प्रभाव में आकर दो घड़ी सुख की नींद के लिए तरस रहा है। यह कैसी प्रगति है कि निराशा और असुरक्षा में घड़ी के पैंडुलम की तरह लटकता मानव-मन कहीं भी स्थिर नहीं हो पा रहा है। यह कैसी प्रगति है कि अव्यवस्था, अनुशासनहीनता, भ्रष्टाचार और असुरक्षा के घुमड़ते बादलों में आज मनुष्य की अस्मिता दिन-ब-दिन असुरक्षित होती जा रही है। लेकिन खुशी की बात है कि भौतिकता की इस चकाचौंध में भ्रष्ट आचरण को कहीं भी सामाजिक मान्यता नहीं मिली है। देश के राष्ट्रीय चरित्र और लोकमत की उपेक्षा करने का दुस्साहस आज भी कोई नहीं जुटा पाता है। गले गले तक भ्रष्टाचार में डूबा व्यक्ति भी सार्वजनिक जीवन में अपने-आप को पाक-साफ समझता है। उसकी दृष्टि हमेशा अपने से बड़े भ्रष्टाचारी पर लगी रहती है।

परिणाम हमारे सामने है। इस तथाकथित प्रगति के फलस्वरूप लोगों की तो लालसाएं, आकांक्षाएं, महत्त्वाकांक्षाएं बढ़ रही हैं, सामाजिक और आधुनिक जीवन में दूर-दूर तक इनका कहीं कोई अंत दिखाई नहीं दे रहा है। इच्छाएं इस सीमा तक बढ़ रही हैं कि उनकी पूर्ति होना असंभव-सा होता जा रहा है। ये अनन्त इच्छाएं और अपेक्षाएं इस अव्यवस्था का ही परिणाम हैं, और यही आज हमारे सामाजिक जीवन की सबसे बड़ी समस्या है। समस्या इसलिए कि जिस गति से इच्छाएं बढ़ी हैं, उसी गति से सहिष्णुता और सामंजस्य की कमी हुई है। घर हो अथवा ऑफिस, कक्षा हो अथवा व्यापारिक संस्थान, जहां व्यक्तियों में परस्पर स्नेह और आत्मीयता होनी चाहिए थी, वहां अविश्वास की भावनाएं बढ़ी हैं। पति-पत्नी, बाप-बेटे, मां-बेटी, भाई-भाई में परस्पर स्नेह-स्रोत सूख रहे हैं, दूरियां बढ़ रही हैं। परिवार का वातावरण तना-तना-सा, खिंचा-खिंचा-सा बना रहता है। यही तनाव अब घरों से निकल कर समाज में आ गया है। इसलिए व्यक्ति को न घर में शांति है न बाहर। होगी भी कैसे ? व्यक्ति जब घर में ही अशांत रहता

हो, तो वह बाहर सामान्य कैसे हो पाएगा ? आखिर समाज भी तो एक बड़ा घर है।

ईर्ष्या छोड़ें, आत्मचिंतन करें : दरअसल, यह मानसिक अशांति दूसरों की देन नहीं, अपितु व्यक्ति की अपनी सोच की ही देन है। हम दुखी अथवा अशांत इसलिए नहीं हैं कि हम अभावग्रस्त हैं, विवेकहीन हैं, बल्कि इसलिए हैं कि दूसरे इतने सुखी, संपन्न और खुशहाल क्यों हैं ? हमें अपनी प्रगति की चिंता नहीं, बल्कि हमारी चिंता का विषय पड़ोसी की सफलताएं हैं। हमारी यह ईर्ष्याजन्य सोच आधुनिकता की ही देन है। वास्तव में हमारा अधिकांश समय दूसरों में दोष ढूंढ़ने में व्यतीत हो रहा है। दूसरों की आलोचनाओं में हम अधिक समय देते हैं। हम जितना समय दूसरों की निंदा करने में लगाते हैं, यदि उससे आधा समय भी आत्म-चिंतन में व्यतीत करें, तो स्थिति बिल्कुल बदल जाएगी।

एक अत्यधिक व्यस्त महिला को स्वामी जी ने गुरुमंत्र दिया—तुम आज से सच्चे मन से संकल्प करो कि तुम दूसरों की निंदा में रुचि नहीं लोगी। जहां दूसरों की निंदा हो रही हो, वहां से उठ जाओगी। महिला ने पूरी इच्छा-शक्ति के साथ स्वामी जी की आज्ञा का पालन किया। अब महिला के पास इतना समय बचने लगा कि उसके पास करने के लिए कोई काम ही शेष न रहता। अब उसकी समझ में आ गया कि उसकी व्यस्तता का मूल कारण क्या था ? यही आपके जीवन का भी सच है। अपना मूल्यांकन कर देखें। निष्कर्ष तक पहुंचने में समय न लगेगा।

दूसरों को दुख देना हिंसा है : वास्तव में अपनी प्रगतिशीलता के अहं में हम सदैव यह सोचते रहते हैं कि दूसरे हमसे आगे न निकल जाएं। हमें दूसरों को नीचा दिखाने में जो सुखानुभूति मिलती है, वह एक प्रकार की हिंसा है। ये हिंसक विचार ही हमारी आधुनिक प्रगतिशील सोच पर हावी हैं, जो परिवार में अविश्वास, अशांति और विघटन के प्रमुख कारण बन रहे हैं।

जीवन-आदर्शों का मजाक उड़ाने वाले जब स्वयं विषम परिस्थितियों में फंस जाते हैं, तो इस प्रकार की सोच से 'तौबा' तो करते ही हैं, साथ ही इन्हीं आदर्शों की दुहाई देकर समाज और परिवार में अपने लिए स्थान भी मांगते हैं। बड़े से बड़ा अपराधी भी अपने बच्चे को आदर्श चरित्र वाला व्यक्ति बनाना चाहता है, उसे अपराध जगत से दूर रखना चाहता है। उसे पढ़ा-लिखा कर नेक इनसान बनाना चाहता है।

भीड़ भरे रेल के डिब्बे में आपको दूसरों की सहायता करने का विचार या उनकी तकलीफों की याद तब आती है, जब आप बैठने के लिए दूसरों से थोड़े-से स्थान की याचना करते हैं। आपकी इस याचना को लोग स्वीकार कर आपको स्थान भी दे देते हैं, लेकिन अगले ही स्टेशन पर आप अपने इस कर्तव्य को भूल जाते हैं, क्योंकि अब आप आराम से बैठे हुए होते हैं।

सद्गुण ही मानसिक शांति दे सकते हैं : सामाजिक और पारिवारिक जीवन में वह व्यक्ति आज भी सुखी, संतुष्ट और प्रसन्न है, जो सेवा, ईमानदारी, सच्चाई और साधनों की पवित्रता के साथ जुड़ा है। आज भी मानसिक रूप से वही परिवार सुखी है, जो समृद्ध और सफल है, परस्पर स्नेह, सौहार्द और समर्पित भाव रखता है। समाज भी उन्हें ही सफल मानता है, स्वीकारता है, जो अपने अदम्य साहस, बुद्धिमत्ता, विवेक और चिंतनशीलता से जीवनादर्शों पर अनवरत रूप से अग्रसर हैं। ऐसे व्यक्तियों को न तो प्रतिदिन घटित होने वाली धोखाधड़ी, ठगी और बेईमानी की घटनाएं उकसाती हैं और न उन्हें आधुनिकता और ग्लैमर की यह चकाचौंध ही प्रभावित करती है। सच्चाई के रास्ते पर अकेला चलना उनकी आदत बन जाती है।

समाज से पहले स्वयं को सुधारें : समाज व्यक्ति से बना है, इसलिए सामाजिक जीवन में शुचिता लाने के लिए यह जरूरी है कि पहले हम स्वयं सुधरें। यह कार्य हम स्वयं अपने से ही क्यों न शुरू करें। ''हम सुधरेंगे, जग सुधरेगा'' की यह सोच मानसिक शांति, सामाजिक और पारिवारिक तनावों से मुक्ति के लिए एक सरल उपाय बन सकती है। मनुष्य प्रकृति की सर्वोत्तम कृति है। प्रकृति की यह उत्तमता तभी सार्थक है, जब वह अपने मनुष्यत्व को बनाए रखे और मानवोचित आदर्शों को जीवन में उतारे। मनुष्य होना ही उसके लिए गौरव की बात है। ऐसा न करके तो मनुष्य घर और समाज में स्वयं ही लज्जित होता है। आत्मग्लानि का अनुभव करता है। जब मनुष्य स्वयं ही अपने आचरण से गिर कर पशु के समान व्यवहार करेगा, तो उसमें हीनता और आत्मग्लानि की भावना तो आएगी ही। केवल चिंतनशीलता उसे इस स्थिति से ऊपर उठाती है। भौतिक जगत में जो व्यक्ति अपने जीवन के लक्ष्यों, आदर्शों तक पहुंचना चाहते हैं, उन्हें अपनी सोच, अपने चिंतन को उसी के अनुरूप बनाना होता है, उसी के अनुरूप प्रयत्न करने पड़ते हैं, परिश्रम करना पड़ता है। मार्ग में आने वाली विषम परिस्थितियों, बाधाओं, असफलताओं से संघर्ष करना पड़ता है और कभी-कभी तो अन्य विकल्प स्वीकार कर समझौते भी करने पड़ते हैं।

यह कितना सुखद आश्चर्य है कि प्रकृति ने हममें से किसी के साथ कोई भेदभाव नहीं किया है। सबको हाथ-पैर, आंखें, सोचने-समझने की शक्ति दी है। सबको उसकी करनी के अनुरूप परिणाम भी मिलते हैं, सफलताएं-असफलताएं, सब भाग्य के अनुसार नहीं, बल्कि कर्मों के अनुसार मिलती हैं। 'जैसी करनी वैसी भरनी' के शाश्वत सत्य को झुठलाने का प्रयास एक दुराग्रही सोच है। इस सत्य को थोड़ी देर के लिए भले ही कोई अनदेखा कर ले, लेकिन इसे झुठलाया नहीं जा सकता। स्वावलंबी और स्वाभिमानी मनुष्य चिंतनशील होते हैं, वे अपने ही कर्तव्यों, आदर्शों से समाज में अपना स्थान स्वयं बनाते हैं। सफलताएं उनके प्रयासों का पुरस्कार बन उन्हें प्रेरित करती हैं।

मनोबल हमारी सबसे बड़ी शक्ति है : मनुष्य की शक्ति स्वयं उसका मनोबल होता है। उसे अपने अंदर से ही शक्ति प्राप्त होती है। जो अपने अंदर से शक्ति प्राप्त नहीं कर पाता, उसे संसार में कहीं भी शक्ति नहीं मिल सकती। इस एक विचार और चिंतन से ही मनुष्य की आंखें खुल जानी चाहिए। वास्तव में बाहरी वस्तुओं के आकर्षण और प्रलोभन ही व्यक्ति को कमजोर बनाते हैं, जबकि मनुष्य की आंतरिक शक्ति उसे संबल प्रदान करती है। आंतरिक शक्ति के विकास के लिए एकांत चिंतन बहुत आवश्यक है। हमारे मस्तिष्क को जितनी शक्ति एकांत में मिलती है, उतनी भीड़-भाड़ अथवा शोर में नहीं। इसलिए सामाजिक और पारिवारिक जीवन में जो लोग अपना कुछ समय प्रातः काल घूमने में, एकांत में बैठकर चिंतन करने में, योग साधना में अथवा मौन धारण कर इस प्रकार की क्रियाओं में बिताते हैं, वे अपेक्षाकृत अधिक चिंतनशील, शांत, स्वस्थ और स्थिर विचारों वाले होते हैं। ऐसे एकांत के क्षणों में केवल शुद्ध और पवित्र विचार ही मस्तिष्क में स्थान पाते हैं। इसीलिए चिंतन से हमारे व्यक्तित्व के निर्माण में सहयोग मिलता है, शक्ति मिलती है।

इतिहास साक्षी है कि महान् व्यक्ति जीवन में त्याग, तपस्या, सदाचार आदि अपनाकर ही महान् बने हैं। सद्गुणों को धारण करने वाले व्यक्ति ही समाज और परिवार में मान-सम्मान और प्रतिष्ठा पाते हैं। हम उसी व्यक्ति को अपना मित्र बनाना चाहते हैं, उसी की निकटता प्राप्त करना चाहते हैं, जो जीवन में अपने आदर्शों के कारण समाज में कुछ विशिष्ट स्थान रखता हो।

सच तो यह है कि मानव जीवन में इन रंगों, आदर्शों की कोई सीमा निर्धारित नहीं की जा सकती। मनुष्य स्वयं ही अपने परिवार और सफलताओं के रंग इनमें भरता है। उसकी सफलताएं ही उसे सौभाग्य प्रदान करती हैं और वह अपने-आप

को ईश्वर की श्रेष्ठ कृति कहलाने के योग्य बनाता है। उसके व्यक्तित्व एवं कृतित्व से ही वह जीवन में महान् और सफल बनता है। व्यावहारिक जीवन के विविध पक्ष खुशहाली के ही रहस्य हैं। इन्हें अपने जीवन में उतारना कोई कठिन कार्य नहीं। संतों के प्रवचन, विद्ववानों का सत्संग, सफल व्यक्तियों के आचरण एवं विचार, जीवन-शैली के प्रति निजी सोच आदि अनेक ऐसे रहस्य हैं, जो खुशहाली के ऐसे उपाय हैं, जो हमें न केवल व्यावहारिक जीवन में सफल बनाते हैं बल्कि हमारे आत्मविश्वास को भी बढ़ाते हैं।

जीवन के इन विविध पक्षों को पूर्ण इच्छा-शक्ति से स्वीकार कर देखें, सफलताएं आपके कदमों में होंगी।

❑❑❑

परिवार से जुड़ें

- परिवार का वातावरण स्नेहिल बनाएं।
- अपनी खुशियां परिवार में ही तलाशें।
- अपराध-भाव से मुक्त रहें।

परिवार के सदस्य ईंट, सीमेंट आदि का प्रयोग करके घर का निर्माण करते हैं। ईंट-पत्थर की इस इमारत को मकान तो कहा जा सकता है, लेकिन घर नहीं। घर तो इस मकान में बसता है और घर को बसाने का मुख्य आधार होता है परिवार के सदस्यों के प्रति भावनात्मक जुड़ाव, समर्पण एवं सभी की सुरक्षा। कहते हैं कि यदि कोई प्राणी चिड़िया के घोंसले को स्पर्श कर ले, तो चिड़िया को पता लग जाता है और वह अपनी सुरक्षा के प्रति संवेदनशील होकर बना हुआ घोंसला छोड़ देती है तथा दूसरा घोंसला बना लेती है। परिवार के सदस्यों को ऐसी ही संवेदनशीलता अपनाकर पारिवारिक जुड़ाव को दृढ़ करने के प्रयास करने चाहिए। परिवार को दूसरों की बुरी नजर से बचाने के लिए सामाजिक वर्जनाओं, मर्यादाओं का सम्मान करना चाहिए। वास्तव में ये सामाजिक वर्जनाएं परिवार के सदस्यों को समाज की बुरी नजर, उपेक्षा और असम्मान से बचाती हैं। इनका पालन न करने के परिणाम बड़े घातक हो सकते हैं।

अवैध संबंध परिवार को तोड़ देते हैं : स्वच्छंदता के हामी राकेश के अवैध संबंध युवा बेटे अमित से छिप न सके। रात देर से नशे में घर आना और फिर पत्नी से मारपीट करना युवा बेटे को सहन नहीं हो रहा था। कई दिनों का आक्रोश एक दिन फूट पड़ा। क्रोध में आपे से बाहर युवा बेटे ने पिता पर हाथ उठा दिया। बीच-बचाव में मां घायल होकर गिर पड़ी। दो-चार दिन अस्पताल में रहने के बाद आखिर मां ने दम तोड़ दिया। पुलिस ने धारा 302 आरोपित कर पिता-पुत्र को जेल भेज दिया और देखते ही देखते एक भरा-पूरा परिवार ताश के पत्तों की तरह ढह गया।

ऐसे एक नहीं अनेक परिवार हैं, जिनके सदस्य, वे चाहे स्त्रियां हों या पुरुष, बच्चे हों या निकट कुटुंबी, परिवार की बर्बादी के कारण बन जाते हैं।

अशांति का कारण अविश्वास : ''मेरी पत्नी झगड़ालू प्रवृत्ति की देहाती स्त्री है। उसे न खाना खाने का सलीका है, न खाना बनाने का। शक्की स्वभाव के कारण वह हमेशा कल्पनाओं के हवाई किले बनाती रहती है, जिससे कई बार अर्थ का अनर्थ हो जाता है। हर बात में कमी देखना उसकी आदत बन गई है। उसकी इस आदत से मेरा पूरा जीवन अभिशप्त हो गया है। वह हमेशा मेरी मां और पिता को कोसती रहती है। यहां तक कि घर आए मेहमानों और मित्रों के सामने भी मुझे जली-कटी सुनाती रहती है। मुझे मूर्ख, बेवकूफ और न जाने क्या-क्या कहती रहती है। इन्हीं व्यवहारों के कारण अब वह मेरे मन से निकल चुकी है। उसकी शारीरिक सुंदरता और रंग-रूप भी मुझे जहरीली नागिन-से लगते हैं। पत्नी का यह कर्कश व्यवहार मेरे दांपत्य जीवन को भी प्रभावित कर रहा है। एक ही छत के नीचे रहते हुए भी हम नदी के दो किनारे बनकर रह गए हैं। मेरे भटकते मन को अगर कहीं कुछ सुकून मिलता है, तो केवल दफ्तर में, जहां सुनीता को देखकर मुझे मानसिक शांति मिलती है। सुनीता ने मेरी रेगिस्तान जैसी जिंदगी में सुख-शांति के फूल खिला दिए हैं। मेरे प्रति आकर्षण अब उसकी आंखों में भी दिखाई देने लगा है, लेकिन उसका विवाहित होना हम दोनों के बीच बाधा है। सुनीता के लिए मैं तो अपनी पत्नी को त्यागने के लिए तैयार हूं, मगर क्या सुनीता मुझसे जुड़ सकेगी ? क्या मुझे मेरी पत्नी के दुर्व्यवहार के आधार पर तलाक मिल सकता है या मुझे जिंदगी भर ऐसा ही अभिशप्त जीवन, ऐसा ही नर्क भोगना पड़ेगा...।''

''आर्थिक संपन्नता और महानगर में रहते हुए भी इन्हें जीने का सलीका नहीं है। इनका न कोई स्टैंडर्ड है और न सोशल स्टेटस... कोई सोसायटी नहीं, कहीं आना-जाना नहीं। क्लब की बात तो बहुत दूर है, कभी शाम को पार्क तक भी नहीं जाते, अगर मैं कुछ करूं, तो घर भर के लोगों का मुंह फूल जाता है। न खुद खाते हैं, न खाने देते हैं। गंवारों जैसी जिंदगी जीते-जीते मैं तो तंग आ गई हूं। औरतों की स्थिति इस घर में दासियों से अधिक कुछ नहीं। इक्कीसवीं सदी में भी बारहवीं सदी जैसी जिंदगी... पति के नाम पर गले में पड़ा यह बोझ लटकाए मैं कब तक घुटन-भरी जिंदगी जी सकूंगी, कह भी नहीं सकती और अब तो सह भी नहीं सकती। मेरी सारी इच्छाएं, अभिलाषाएं होम होकर रह गई हैं। अपनी एक छोटी-सी दुनिया बसाने का मेरा स्वप्न और चाहत कब दम तोड़ दें, कह नहीं सकती। तनाव और खीज में रहने की आदत-सी बन गई है। यह आदत

बर्दाश्त से बाहर होती जा रही है। घर-संसार की आत्मीयता से जुड़ने का मेरा सपना क्या कभी पूरा न हो सकेगा, या फिर तलाक लेकर अपने बिखरे घर-संसार को एक बार फिर सजाने-संवारने की पहल करूं...। आपके पत्र तक अवश्य जिंदा रहने का प्रयास करूंगी, आपसे बड़ी आशाएं लेकर पत्र लिख रही हूं...।''

घर-संसार की आत्मीयता से वंचित ऐसे पति-पत्नी के मन में एक-दूसरे के प्रति कितना अविश्वास, कितनी घृणा और कितनी दूषित भावनाएं होंगी, इसकी कोई कल्पना नहीं कर सकता। वास्तव में वे परिवार रूपी जहाज से उड़े दो ऐसे प्यासे पक्षी हैं, जो बेचैन होकर परिवार से जुड़ाव के लिए भटक रहे हैं।

हमारे सामाजिक और पारिवारिक जीवन में ऐसे एक नहीं अनेक पति-पत्नी हैं, जो परस्पर अविश्वासों से ग्रसित होकर, समन्वय और समझ के अभाव में आत्मीयता से जुड़ नहीं पाते और जिनका जीवन नर्क बनकर रह जाता है। ऐसे परिवारों के सूखे स्नेह स्रोत उस सूखी नदी के समान हैं, जो स्वयं सूखी है। वह भला तट के खेतों की प्यास कैसे बुझाएगी?

आत्मीयता का अभाव ही बाहर भटकाता है : परिवार से जुड़ाव का अभाव आज सामाजिक जीवन की सबसे बड़ी समस्या है। परिवार से न जुड़ पाने के कारण पति-पत्नी घर के बाहर खुशियां तलाशने लगते हैं, जहां उन्हें ग्लैमर-भरी सोच तो मिलती है, लेकिन मानसिक शांति नहीं मिलती। ऐसे पति-पत्नी हमेशा तनावों से घिरे रहते हैं। उनकी प्रगति अवरुद्ध हो जाती है। सामाजिक प्रतिष्ठा कम होने लगती है। यहां तक कि अविवेक के कारण गलत निर्णय होने लगते हैं। परिवार के सभी सदस्य एक-दूसरे पर अविश्वास करने लगते हैं। एक-दूसरे से अपेक्षाओं का रोना रोते हैं। ऐसे ही तनावपूर्ण वातावरण में घर के कुछ सदस्य शराब का सहारा लेकर अपनी हीनताओं पर काबू पाने के असफल प्रयास करने लगते हैं। यहां तक कि स्वयं परिवार के लोग ही इस प्रकार की जिंदगी की हिमायत करने लगते हैं और देखते ही देखते भरे-पूरे परिवार बर्बाद हो जाते हैं। बच्चे बिगड़ जाते हैं।

जिम्मेदारियों से मुंह न मोड़ें : अपनी जिम्मेदारियों से मुंह छिपाने की सोच भी एक प्रकार की रुग्ण सोच है, जो घर-संसार के इस जुड़ाव को कम करती है। परिवार के ऐसे सदस्य अपनी हीनताओं को छिपाने के लिए देर रात तक अथवा रात-रात भर घर से बाहर रहने लगते हैं। पत्नी पानी पी-पीकर अपनी भाग्यहीनता का रोना रोती है और अपनी आत्महीनता पर आंसू बहाती है। घर-संसार की आत्मीयता से टूटी ऐसी औरतें कभी-कभी चारित्रिक पतन का शिकार होकर

ग्लानि-भरा जीवन व्यतीत करने लगती हैं। ऐसी औरतों अथवा पुरुषों के बच्चे पढ़ाई-लिखाई में पिछड़ कर जीवन की मुख्य धारा से दूर होते जाते हैं। स्कूल से भागकर गलियों में आवारा फिरने लगते हैं या फिर घर से भागकर अपराधी तत्वों के हाथों में पड़कर अपना भविष्य खराब कर बैठते हैं।

ग्लैमर से सावधान रहें : सिनेमाई संस्कृति और महानगरीय जीवन-शैली ने पारिवारिक विघटन को बहुत अधिक बढ़ावा दिया है। फिल्मी ग्लैमर को 'जिंदगी' समझने वाले युवक-युवतियां यह भूल जाते हैं कि परिवार का आधार परस्पर स्नेह और विश्वास है। यह स्नेह, सहयोग, समर्पण और भावनात्मक लगाव ही पारिवारिक जुड़ाव को दृढ़ करता है, इसलिए परिवार के प्रत्येक सदस्य को चाहिए कि वह इस जुड़ाव को सुदृढ़ करे। पति-पत्नी में एक-दूसरे के प्रति समर्पित भाव ही उनमें दायित्व-बोध विकसित करता है, इसलिए एक-दूसरे की क्षमता, योग्यता, सरलता और सीधेपन को बेवकूफी कहने अथवा समझने, उसकी हीनता को उछालने, उसकी कमजोरियों के बखिए उधेड़ने से पत्नी को कुछ न मिलेगा और न पति को। हो सकता है कि जीवन में आपने अपने पति के रूप में किसी 'राजकुमार' की कल्पना की हो। किसी 'शाहरुख खान' या किसी 'गोविंदा' की कल्पना की हो, या कोई 'माधुरी दीक्षित' आपकी आंखों में समाई हुई हो, लेकिन इतना अवश्य समझ लें कि वास्तविक जीवन में आपका सामना एक सामान्य स्त्री अथवा पुरुष से ही होगा और उसी के साथ आपको जीवन के दुख-सुख बांटने होंगे। इस समझौते में वे पति-पत्नी ही अधिक सुखी, संतुष्ट और प्रसन्न रह सकते हैं, जो सच्चाई को स्वीकारें, परस्पर एक-दूसरे के साथ निकटता का जुड़ाव अनुभव करें और इस जुड़ाव को अपने स्नेह से सींचें। एक-दूसरे की हीनताएं उछालने से आपके पल्ले जग हंसाई ही पड़ेगी।

स्त्री की सुरक्षा, रक्षा और प्रतिष्ठा तभी तक सुनिश्चित और सुरक्षित है, जब तक वह किसी पुरुष से जुड़ी हुई है। लड़की पिता के घर में, पत्नी पति के संरक्षण में ही सुरक्षित रह सकती है। पिता और पति का नैतिक दायित्व है कि वे इन्हें पूरी तरह से सामाजिक, पारिवारिक और आर्थिक सुरक्षा प्रदान करें।

तलाक लेना, आत्महत्या करने की सोचना, बंटवारा, संबंध विच्छेद करना, घर से भागना अथवा अकेले रहना, उतना सरल नहीं होता जितना कि आप समझते अथवा समझती हैं। इस प्रकार की सोच, व्यवहार अथवा निर्णय आपके सामने नई-नई समस्याएं खड़ी करेंगे और आप इन समस्याओं में उलझते ही जाएंगे। इससे आपके हिस्से में बदनामी और रुसवाई ही आएगी।

पति-पत्नी के सहयोग से ही परिवार बनता है : पारिवारिक प्रतिष्ठा को बनाए रखने के लिए आप जो त्याग, संघर्ष या समर्पण कर रही हैं, उसमें पति का सहयोग अवश्य लें। पति का विश्वास ही आपका मनोबल बढ़ाएगा। यह न भूलें कि पति भी पारिवारिक जुड़ाव के लिए बहुत सारे पापड़ बेलता है। रात-दिन उसका प्रयास यही रहता है कि वह घर का विश्वासपात्र बना रहे। इस सबके बाद भी यदि उसे अपेक्षित सहयोग, स्नेह और प्रोत्साहन नहीं मिलता, तो निश्चय ही वह टूटने लगता है और यह टूटना ही उसे परिवार से दूर करता है।

पारिवारिक जीवन में पत्नी, पति की प्रेरणा बने। उसे कदम-कदम पर सहयोग देकर उसका मनोबल बढ़ाए। पत्नी का संबल ही पति को इस योग्य बनाता है कि वह उसकी कल्पनाओं का राजकुमार बन उसके घर-संसार को, उसकी अपेक्षाओं के अनुरूप सजाता-संवारता है। पति-पत्नी को घर-संसार के हर छोटे-बड़े काम में रुचि लेनी चाहिए, उसके निर्णयों में सहमति, विश्वास प्रकट कर एकजुटता से काम लेना चाहिए।

विवाह पूर्व संबंधों को न कुरेदें : विवाह पूर्व के किसी संबंध अथवा व्यवहार के कारण किसी प्रकार की हीनता अथवा अपराधबोध मन में न लाएं और न ही इन व्यवहारों अथवा अभावों के कारण किसी को दोषी मानें। आर्थिक अभावों के कारण मन में हीनता लाना अथवा इस प्रकार की हीनता को दूर करने के लिए मन में किसी ऐसे विचार को लाना, जो 'अवैध' हो, किसी कीमत पर न स्वीकारें। इस प्रकार के विचार अथवा भावुकता आपको कदम-कदम पर कमजोर बनाएंगे। स्वयं को हमेशा अपने पति की पत्नी, बच्चों की मां, पिता की बेटी, भाई की बहन मानकर विचार करें। अपनी वर्तमान परिस्थितियों और भविष्य का ख्याल रखते हुए ही इन लोगों के प्रति अपने कर्तव्यों का निर्वाह करें। व्यवस्था के प्रति आस्थावान् रहें और अपनी जिम्मेदारियों का निर्वाह ठीक से करें। आशय यह है कि परिवार के प्रति अपने विश्वास या अपेक्षाओं को अविश्वास में बदलने का अपनी ओर से कोई अवसर न दें। संबंधों का आधार केवल विश्वास है, अतः विश्वास की मर्यादा का कहीं भी उल्लंघन न होने दें। मर्यादित आचरण जहां आपको दूसरों की नजरों में स्नेह और विश्वास दिलाता है, वहीं आपको इससे आत्मविश्वास भी प्राप्त होता है। आपको यह विश्वास कहीं भी गिरने न देगा और हमेशा आपका मनोबल बढ़ाए रखेगा।

विषम परिस्थितियों में धैर्य से काम लें : सामाजिक और पारिवारिक जीवन में हमें अनेक विषम परिस्थितियों, व्यवहारों, घटना-दुर्घटनाओं आदि का सामना करना पड़ता है। ऐसे समय में आप धैर्य, साहस, विवेक और शालीनता से काम लें।

किसी भी स्तर पर अपने-आप को कमजोर समझना अथवा किसी अनुचित समझौते के लिए तैयार या समर्पित हो जाना किसी समस्या का समाधान नहीं। ऐसी सोच तो आपको घर-संसार से दूर कर देगी। किसी भी अनैतिक कार्य-व्यवहार अथवा आचरण के लिए अपने-आप को छोटा, असहाय, कमजोर न समझें। हर उस बात का विरोध अपने स्तर पर अवश्य करें, जो अनुचित हो, जिसे आप मन से न चाहती हों/चाहते हों।

घर-संसार को सजाएं : अपने घर-संसार को सजाएं, उसमें रुचि लें, अपने अभावों को अपने स्तर पर ही दूर करने के प्रयास करें। अपनी आर्थिक स्थिति को सुदृढ़ करने के लिए परिवार का विश्वास जीत कर कोई भी काम करें, नौकरी करें अथवा अन्य कोई काम। आशय यह है कि अपनी पारिवारिक आय का सर्वोत्तम सदुपयोग करें। अपने-आप को हमेशा घर-संसार में ही व्यस्त रखें। इस व्यस्तता में यह भी ख्याल रखें कि किसी को आपका सजना-संवरना भी अच्छा लगता है। आप उनकी इस इच्छा का भी ध्यान रखें और उनकी इस इच्छा को समर्पित भाव से स्वीकारें। हमेशा दूसरों की संपन्नता देख-देखकर कुढ़ना, ईर्ष्या करना, अपनी हीनता पर आंसू बहाना प्रगतिशील सोच नहीं। यदि आप पति से किन्हीं अर्थों में अधिक सुंदर, संपन्न, प्रतिभाशाली, प्रभावशाली हैं, तो अपनी इस उच्चता अथवा प्रगतिशील सोच पर इतराएं नहीं और न ही उच्चता का कभी भ्रम पालें। यदि आप कामकाजी हैं, तो अपने परिवार में पूरी रुचि लें, अपने-आप को आदर्श गृहिणी मानें, वास्तव में यह एक महत्त्वपूर्ण प्रकृतिजन्य गुण है, अतः आप भ्रम-वश इसे नकारने की कोशिश न करें।

प्रातः ब्रह्ममुहूर्त में उठें। और कुछ नहीं तो कम से कम सूर्य निकलने से पहले जागना सीखें। जागकर सबसे पहले अपने हस्त कमलों का दर्शन करें, संकल्प लें कि इन हाथों से कोई गलत कार्य न हो। हमारे कदम किसी गलत दिशा की ओर न उठें।

अपने घर-संसार में सामाजिक और धार्मिक उत्सवों का आयोजन अवश्य करें। इससे जहां घर के वातावरण में नवीनता आएगी, वहीं आपमें भी एक नया उत्साह बना रहेगा। परिवार के सभी सदस्य आपस में जुड़े रहेंगे। इसलिए पार्टी का आयोजन भी एक अच्छा तरीका है।

परिवार के प्रति आत्मीयता अथवा जुड़ाव का यह व्यवहार आपको सामाजिक और पारिवारिक जीवन में कहीं भी कमजोर नहीं होने देगा। आप अनैतिक विचारों से भी सुरक्षित रहेंगी। आपका घर-संसार अधिक सुखी, संपन्न और तनाव रहित

बनेगा। परिवार के प्रति जुड़ाव का यह व्यवहार पारिवारिक जीवन की आवश्यकता है। इस आवश्यकता की पूर्ति के लिए पति-पत्नी को वह सब करना चाहिए, जो एक-दूसरे की आंखों में दिखाई दे। जुड़ाव की यह प्रगतिशील सोच उनकी आंखों में हमेशा तिरती रहती है। अतः इस सोच को कभी भी कमजोर न होने दें। असुरक्षित घर आधुनिक समाज का सबसे बड़ा अभिशाप है, इस अभिशाप की त्रासदी परिवार के सभी सदस्यों को झेलनी पड़ती है। सामाजिक जीवन में व्याप्त सभी प्रकार के तनाव इसी असुरक्षा की देन हैं। पारिवारिक जुड़ाव का यह व्यवहार इन सभी तनावों का एकमात्र समाधान है।

❏❏❏

परिवार में आपका महत्त्व

- परिवार के सभी सदस्यों से आत्मीय-भाव से जुड़ें।
- पारिवारिक हीनताएं न ओढ़ें।
- तन की अपेक्षा मन की सुंदरता को सराहें।

आप अपने परिवार के प्रति क्या पूरी तरह समर्पित हैं ? यदि हां, तो इस बात को मन-ही-मन स्वीकारें कि आप अपने परिवार की श्रेष्ठता के ऊर्जा स्रोत हैं और परिवार के प्रति आपकी क्षमताएं और अपेक्षाएं ही आपकी सफलता है। अपनी इन क्षमताओं और अपेक्षाओं का परिवार के प्रत्येक व्यक्ति को अहसास कराएं। जिस प्रकार से एक नाजुक-सी बेल सहारा पाकर पूरे मकान, छत अथवा 'मुंडेर' पर छा जाती है, उसी प्रकार से आपका सहयोग, प्रेरणा और प्रोत्साहन पाकर परिवार का प्रत्येक सदस्य परिवार के प्रति उत्साही, कर्मठ और सफल बनता है। अपनी सफलताओं का अहसास बच्चों को कराने के लिए आवश्यक है कि आप अपने महत्त्व को जानें। आपकी सामाजिक मान्यता और प्रतिष्ठा, आपकी सफलता आपके प्रभावी व्यक्तित्व की देन है, जो आपने स्वयं अर्जित की हैं। अपनी इस सामाजिक प्रतिष्ठा को, अपने परिजनों को विरासत के रूप में देने के लिए प्रयासरत रहें। इसमें दो मत नहीं कि आपने अपनी इस सामाजिक प्रतिष्ठा को प्राप्त करने के लिए रात-दिन मेहनत की है। मेहनत से ही आप सफलता के इस शिखर तक पहुंचे हैं। परिवार के अन्य सदस्यों को भी इस बात का अहसास कराएं कि मेहनत कभी असफल नहीं होती। धन सुख का आधार नहीं। धन कमाने के लिए अपनाए गए 'शॉर्ट कट' आत्मिक सुख नहीं दे सकते। साधनों की पवित्रता का अपना महत्त्व है। आशय यह है कि बिना किसी संशय के इन आदर्शों को स्वीकारें और ऐसे विचारों को ही बच्चों को धरोहर के रूप में दें। आप स्वयं को परिवार के सामने जिस रूप में रखना चाहते हैं, उसी रूप में प्रदर्शित

करें। अपनी वैचारिक सोच को इतना व्यावहारिक बनाएं कि उसमें आपकी पारदर्शिता दिखाई दे। आप अंदर से कुछ और, तथा बाहर से कुछ और दिखाई न दें। अपने परिवार का मुखिया होने का गर्व आपके चेहरे पर सदैव चमके, इसके लिए आवश्यक है कि आप परिवार को सफलता का आधार दें, ताकि परिवार के सभी सदस्य आपकी आकांक्षाओं के अनुरूप बन सकें।

विरासत में धन नहीं, संस्कार दें : परिश्रम से प्राप्त की गई सफलताएं संपन्नता का आधार बनती हैं। पिता होने के नाते आप बच्चों के लिए धन, दौलत, संपत्ति कमाकर छोड़ने की सोच न पालें। बच्चों को विरासत में संस्कार और चरित्र दें। यदि परिवार के सदस्यों में संस्कार अथवा चरित्र नहीं होगा, तो वे अर्जित की हुई सारी संपत्ति का उपयोग अनुत्पादक कार्यों में करेंगे, दुर्व्यसनों में करेंगे और एक दिन ऐसा आ जाएगा जब अकर्मण्यता उनके सिर चढ़कर बोलने लगेगी। इस विषय में कबीर की यह चेतावनी–"पूत सपूत तो क्यों धन संचय, पूत कपूत तो क्यों धन संचय"–आज भी सार्थक है। बच्चों को धन-दौलत की विरासत उन पर अच्छा प्रभाव नहीं डालती। अतः परिवार पर अपने धनी होने का अहसास कभी न थोपें। धन, चरित्र के मुकाबले परिवार की सफलता का आधार कभी नहीं बन सकता।

परिवार को मन से स्वीकारें : परिवार को अपनी महानता का अहसास कराने के लिए मन से स्वीकारें। अपनी जाति, धर्म अथवा संप्रदाय पर गर्व करें। इस विषय में किसी भी प्रकार की हीनता मन में न लाएं। आपकी महानता, सफलता-असफलता किसी वर्ग विशेष में जन्म लेने से प्रभावित नहीं होती, बल्कि महानता अथवा सफलता का प्रत्यक्ष संबंध प्रतिभा, क्षमता, योग्यता से होता है। कबीर जी तो जाति से जुलाहे थे, वे किसी विद्यालय में भी नहीं पढ़े थे। आशय यह है कि परिवार के सभी सदस्यों को, वे जैसे हैं, उसी रूप में स्वीकारें। रंग-रूप सुंदरता का आधार अथवा मापदंड नहीं होता। मां की नजर में उसका काला-कलूटा पुत्र ही संसार का सबसे सुंदर लड़का होता है। वह अपने पुत्र को जी-जान से चाहती है। अपने परिवार को भी उसी भावनाओं से देखें और उसे अपने होने का अहसास कराएं। परस्पर विश्वास एक ऐसी भावना है, जो सबको एक-दूसरे से जोड़ती है। विश्वास के साथ परिवार के सदस्यों की क्षमताएं, रुचियां, योग्यताएं, प्रतिभाएं जानें, अपेक्षाएं समझें और उन्हें पूरा संरक्षण प्रदान करें। परिवार के वृद्ध, विकलांग, शिथिलांग सदस्य कुछ अधिक ही भावुक और संवेदनशील होते हैं, ऐसे सदस्यों को पूर्ण रूप से सुरक्षा और संरक्षण देना ही सामाजिक व्यवस्था का आधार है, इस व्यवस्था को कभी भी कमजोर न होने दें। जिन परिवारों में ऐसे व्यक्तियों

को उपेक्षा की दृष्टि से देखा जाता है, ऐसे परिवारों में पारिवारिक जुड़ाव में कमी आती जाती है। भावनाओं का स्नेहिल प्रदर्शन नहीं हो पाता और ऐसे व्यक्तियों की अतृप्त इच्छाएं पारिवारिक कलह का कारण बनती हैं। शारीरिक सुंदरता की अपेक्षा गुणों की सुंदरता को मन से स्वीकारें। गुणों के अभाव में शारीरिक सुंदरता फीकी लगने लगती है। बच्चों के आंतरिक गुणों को विकसित होने का अवसर दें। जिस प्रकार से मोटी से मोटी कील भी अपना स्थान बनाने के लिए नुकीले बिंदु से प्रहार करती है, उसी प्रकार नम्रता से की गई पहल आपको सफलता के उच्च शिखर तक पहुंचा सकती है।

दूसरों को सम्मान देना स्वयं दूसरों की नजरों में ऊपर उठने की कला है। इसलिए परिवार के सदस्य चाहे छोटे हों अथवा बड़े, उन्हें दूसरों का सम्मान करना सिखाएं। स्वयं दूसरों को पूरा-पूरा मान-सम्मान दें। धैर्य और सहनशीलता आप दूसरों को तभी विरासत में दे सकते हैं, जब आप स्वयं इन गुणों के प्रतीक हों।

इस बात को मन-ही-मन स्वीकारें कि यदि किसी में कोई कमी है, तो ईश्वर ने उसकी पूर्ति किसी-न-किसी दूसरे रूप में अवश्य पूरी कर दी है, आप इस गुण को पहचानें, विकसित करें। आप स्वयं सलीके से वस्त्र पहनें, अपने व्यक्तित्व को निखारें। सदैव दूसरों के कार्यों को महत्त्व दें और खुले मन से प्रशंसा करें। तन की सुंदरता तो कुछ ही दिनों की होती है, मन की सुंदरता तो जीवन भर आपका साथ देती है, इसलिए इन गुणों को अवश्य आत्मसात करें।

हीनता अथवा पश्चात्ताप से बचें : आप चाहे स्त्री हों अथवा पुरुष, पारिवारिक हितों के साथ-साथ अपने साथ भी न्याय करें। अपने बारे में अपनाई गई उदासीनता आपके पश्चात्ताप का कारण बन सकती है, इसलिए अपनी इच्छाओं, भावनाओं के साथ खिलवाड़ न करें।

उम्र की ढलान पर खड़ी 35 वर्षीया सुनीता को लगा जैसे उसका अपने बारे में लिया हुआ निर्णय गलत था। उसने पश्चात्ताप और आत्मग्लानि की एक ठंडी सांस ली और फिर मन-ही-मन अपने-आप से बोली–'काश ! मैंने कभी अपने बारे में भी सोचा होता....।'

सुनीता का भाग्य अच्छा था, कुछ उसकी मेहनत का फल था जो उसे प्रारंभ में ही प्रशासनिक पद मिल गया। नौकरी अच्छी थी, इसलिए सब उसकी नौकरी को सराहते। मां-बाप भी बेटी को ही बेटा समझ कर प्रशंसा करते, गर्व करते। सुनीता ने भी जी भर कर परिवार के अन्य सदस्यों को योग्य बनाया, लेकिन परिवार के सदस्यों के लिए यह सब करते-कराते उसके स्वयं की विवाह योग्य आयु कब बीत

गई, इसका उसे ख्याल ही नहीं रहा। एक-दो जगह बात भी चली, तो पहले पिता ने मना कर दिया, फिर मां ने छोटे भाई-बहनों की दुहाई देकर सुनीता को अपने बारे में सोचने का मौका ही नहीं दिया। लेकिन अब...अब सुनीता कभी-कभी दर्पण के सामने खड़ी होकर जब अपनी सफेद हो आई लटों को छिपाने का प्रयास करती है, तो लगता है जैसे सारी दुनिया उसका मजाक उड़ाती है। वह पूरे परिवार में अपने-आप को अकेला समझती है। कटी पतंग जैसी उसकी जिंदगी वक्त के थपेड़े खाने को विवश है। परिवार के प्रति किए गए अहसानों को जब वह मन-ही-मन गिनती है, तो गिनते-गिनते थक-सी जाती है। अब आत्मग्लानि और पश्चात्ताप के सिवाय उसके पास कुछ शेष नहीं। परिवार और समाज की ऐसी सुनीताओं को चाहिए कि वे अपनी सामाजिक सुरक्षा और भविष्य के प्रति सचेत रहें। कर्तव्य और भावनाओं की बलि पर अपना सारा जीवन होम करना ही बुद्धिमत्ता नहीं, बल्कि इससे भी कहीं ज्यादा अच्छी सोच यह है कि आपको पश्चात्ताप और आत्मग्लानि में जीवन यापन न करना पड़े। अपने बारे में, अपने भविष्य के बारे में खुद न सोचना ही कभी-कभी अभिशाप बन जाता है। आप परिवार के प्रति कुछ ऐसी सोच अपनाएं कि आपको अथवा परिवार के किसी अन्य सदस्य को ऐसी हीनता अथवा पश्चात्ताप की जिंदगी न जीना पड़े।

अभावों में रहना अथवा विषम परिस्थितियों से संघर्ष करना बुरी बात नहीं, इसलिए अपनी किसी कमी के लिए मन में हीनता न लाएं। विषम परिस्थितियों में भी हमेशा सम्मानजनक समझौते के लिए तैयार रहें। अपनी अपेक्षाओं, इच्छाओं को नए सिरे से पूरक आधार दें। अपने बारे में सोचने का यह अर्थ नहीं कि आप स्वार्थी, मतलबी अथवा खुदगर्ज बनें, अपने बारे में सोचने से आशय केवल इतना है कि जहां आवश्यक हो, वहां अपनी बात निःसंकोच कहें। सच्चाई को छिपाना और वक्त निकल जाने पर पश्चात्ताप करना कोई अर्थ नहीं रखता। जब आप अपने बच्चों के सुखी जीवन के लिए लड़का-लड़की तलाश कर सकते हैं, तो फिर अपने सुखद भविष्य अथवा उज्ज्वल वर्तमान के लिए अवसर को हाथ से क्यों निकलने देना चाहते हैं? निश्चय ही आपकी सोच इतनी पैनी होनी चाहिए कि आपके जीवन में कभी भी पश्चात्ताप अथवा आत्मग्लानि के अवसर न आएं। इसलिए अपने बारे में, परिवार के बारे में समय रहते ऐसे निर्णय करें कि आपके निर्णयों को परिवार का पूरा-पूरा समर्थन, सहयोग और सराहना मिले। आपके निर्णयों के दूरगामी परिणाम परिवार पर अच्छे पड़ें। विवाह हो अथवा पारिवारिक विवाद, संबंधों की बात हो अथवा काम-धंधे की, अपने निर्णयों के कारण आप कभी भी दीन-हीन अनुभव न करें। साहस और विवेक सम्यक् निर्णय आपके महत्त्व को परिवार के हित में स्थापित करेंगे।

स्नेहिल व्यवहार : जब हम चाहते हैं कि लोग हमें स्नेह, मान-सम्मान और प्रतिष्ठा दें, तो प्रत्युत्तर में लोग भी हमसे कुछ ऐसी ही अपेक्षाएं करते हैं। परिवार के प्रति अपनी भावनाएं पवित्र रखें। भावनाओं की यह पवित्रता हमें परिवार से जोड़ती है, हमें एक-दूसरे के प्रति कर्तव्य करने के लिए प्रेरित करती है।

विश्वास बांटें : परिवार के सभी सदस्य एक-दूसरे के साथ विश्वास की डोर से बंधे होते हैं। यह विश्वास आपस में जितना दृढ़ होगा, परिवार की एकता उतनी सुदृढ़ होगी। विश्वास एक ऐसा प्रकाश है, जो परिवार के प्रत्येक सदस्य को अपने कर्तव्यों के प्रति जागरूक बनाता है। विश्वास रूपी प्रकाश देकर आप परिवार के सदस्यों को जोड़ते हैं। अपनत्व का अहसास कराते हैं।

अपनी श्रेष्ठता प्रदर्शित करें : सामाजिक जीवन में आपकी प्रतिष्ठा इसलिए बनती है कि आपका व्यवहार, आपकी सोच, आपका चिंतन, आपका व्यक्तित्व दूसरों से श्रेष्ठ है। यह श्रेष्ठता आपके सामाजिक जीवन में दिखाई भी देती है। बातचीत की सुघड़ता, तर्क-शक्ति, दूसरों से समन्वय कर पाने की सोच आदि ऐसी अनेक बातें हैं, जो आपकी श्रेष्ठता को प्रमाणित करती हैं।

अवसर चाहे किसी सामाजिक उत्सव का हो अथवा व्यक्तिगत जीवन-शैली का, अपने कार्यों को पूरे उत्साह, लगन और विश्वास के साथ पूरा करें। उत्साह से किए गए कार्य में आपकी रुचि अलग दिखाई देती है, उसमें आपको अपेक्षाकृत सफलता भी अधिक मिलती है।

पास-पास खेत होते हुए भी, समान सुविधाएं होते हुए भी एक किसान का कृषि उत्पादन दूसरे से अधिक होता है। वास्तव में इसका कारण सुचारु रूप से कार्य करने की शैली ही है। इसी प्रकार से एक-से व्यवसाय में होते हुए भी सफलताएं भिन्न-भिन्न होती हैं। इसका कारण श्रेष्ठता ही है। अपने-आप को श्रेष्ठ प्रदर्शित करने की सोच आपको सदैव नम्र, उदार, सहिष्णु, प्रसन्न और तनाव रहित बनाएगी। आप दूसरों से अधिक उत्साही मन से अपना काम कर सकेंगे। दूसरों से सहयोग कर सकेंगे। स्वाभाविक है कि इस प्रकार की सोच से आपका परिचय क्षेत्र बढ़ेगा। आपके मित्रों, शुभचिंतकों की संख्या बढ़ेगी। आपके सहयोग से दूसरों के कष्टों में जो कमी आएगी, इसका अहसास तो आपको तब होगा, जब लोग आपके प्रति कृतज्ञ होंगे। लोगों की कृतज्ञता का यह अहसास ही उनकी आंखों में आपको श्रेष्ठ घोषित करेगा। इस प्रकार की श्रेष्ठता पाकर परिवार के लोग भी गर्व का अहसास करेंगे। किंतु श्रेष्ठता के लिए अहंकार से सदैव दूर रहें।

अनावश्यक तनाव न पालें : अपने निर्णयों के प्रति आश्वस्त हों और मन में किसी प्रकार की भ्रामक धारणाएं न बनाएं। पूर्वाग्रही सोच हमें विविध प्रकार के तनावों से ग्रस्त करती है। "पता नहीं बेटी किस हालत में होगी...।", "पता नहीं बेटे ने कुछ खाया भी होगा कि नहीं...।", "अबकी बार भी अगर लड़की हो गई तो...।", जैसी चिंताएं, दुश्चिंताएं हमारी सोच को प्रभावित किए बिना नहीं रहतीं। जबकि वास्तविक जीवन में इनका कोई अर्थ नहीं होता। इस प्रकार की चिंताएं हमारी सफलताओं पर भारी अवश्य पड़ती हैं। अतः आप मन में इस प्रकार की चिंताएं पाल कर अपनी समस्याएं न बढ़ाएं, न अनावश्यक रूप से तनाव पालें। दूरसंचार के इस युग में इस प्रकार की दुश्चिंताओं से मुक्त रहने के लिए परिवार के सदस्यों में यह आदत डालें कि वह जहां भी हों, घर से संपर्क बना कर रखें।

ईंट का जवाब पत्थर से देने की सोच से बचें : परिवार के सदस्यों में अपनी उच्चता को थोपने की सोच कभी न पालें। ईंट का जवाब पत्थर से देकर दूसरों की बोलती बंद करना एक प्रकार की प्रतिशोधी भावनाएं हैं, इनका कहीं कोई अंत नहीं होता। इस प्रकार की सोच ही पारिवारिक बिखराव का कारण बनती है। इसलिए परिवार के प्रत्येक सदस्य के इस प्रकार के व्यवहार को अपने स्तर पर हतोत्साहित करें।

"मैंने सबका ठेका थोड़े ही ले रखा है, आखिर मेरे अपने भी तो बच्चे हैं, कुछ सोसायटी है, इच्छाएं हैं... यहां तो चाहे जितना कमाओ इनके पेट ही नहीं भरते।", जैसी मानसिकता कभी भी आपकी पारिवारिक इच्छाएं पूरी नहीं होने देगी। इस प्रकार की सोच अथवा व्यवहार आपका महत्त्व बढ़ाने की अपेक्षा घटाएंगे।

सच का साथ दें : सत्यमेव जयते...। हमारी संस्कृति का आदि आदर्श रहा है। अपने पारिवारिक जीवन में भी इस आदर्श को स्वीकारें। हमेशा न्याय और सत्य के लिए संघर्ष करें। इस संघर्ष में कभी भी अपने-आप को अकेला न समझें। आज भी हमारी सामाजिक व्यवस्था में अनुचित को मान्यता और प्रतिष्ठा नहीं मिली है। अनुचित को अनुचित ही मानें। उचित-अनुचित की इस लड़ाई में यदि आप अपने को कमजोर पाते हैं, तो अपनी शक्ति, समर्थन, पक्ष को जुटाने के लिए गली, मुहल्ले, प्रशासन, शासन का संरक्षण प्राप्त करें।

आत्महत्या कर अपनी पराजय स्वीकारने की मूर्खता कभी न करें। इससे न केवल पारिवारिक प्रतिष्ठा पर प्रश्न चिह्न लगता है, बल्कि परिवार की अन्य समस्याएं भी बढ़ती हैं।

आराध्य के प्रति निष्ठावान बनें : ईश्वर के प्रति विश्वास रखकर स्वयं उसके प्रति निष्ठावान रहें, उसमें आस्था और विश्वास रखें। हमारी सारी सामाजिक व्यवस्था का आधार अंततः ईश्वरीय न्याय है। हम यह जानते हैं कि सबको करनी का फल अवश्य मिलता है, अतः सामाजिक और पारिवारिक जीवन में अपनी करनी को कहीं भी दूषित न बनाएं। मन-वचन और कर्म से पवित्र रहें। परिवार में भी यही संस्कार डालें।

आशय यह है कि आपकी पारिवारिक प्रतिष्ठा आपसे बनती-बिगड़ती है। परिवार में भावी भविष्य की सफलताओं के बीज आप ही बोते हैं, आप ही काटते हैं। यह आप पर निर्भर करता है कि आप बच्चों को विरासत में क्या देते हैं ? भविष्य तो परिवार को वही देगा, जो आपसे लेगा। आपके द्वारा परिवार के सदस्यों को दिए गए ये संस्कार और आदर्श ही भविष्य में आपकी सामाजिक और पारिवारिक प्रतिष्ठा बनेंगे। अतः परिवार को अपनी अपेक्षाओं के अनुकूल बनाएं। अपने अभावों, हीनताओं, दोषों का रोना रोकर, अपने भाग्य, अपने लिए हुए निर्णयों के कारण प्राप्त हुई असफलताओं पर पश्चात्ताप के आंसू बहाना आदि ऐसे व्यवहार हैं, जो आपको अपनों में हंसी का पात्र बनाते हैं। इन व्यवहारों का आपके वर्तमान पर कोई अच्छा प्रभाव नहीं पड़ेगा, अतः इस प्रकार की सोच अपना कर अपने वर्तमान और भविष्य को न कोसें। उज्ज्वल और सुखद भविष्य के बारे में सोचें, अतीत पर विचार न करें।

❑❑❑

अप्रिय प्रसंगों और हादसों को भूलें

- पुराने जख्मों को कुरेद कर हरा न बनाएं।
- अप्रिय प्रसंगों को याद न रखें।
- माफी मांगने और माफ करने में उदारता बरतें।

अतीत की गलतियां और गलत निर्णय ही हमारी वर्तमान असफलताओं के कारण हैं। भूल से लिया हुआ एक गलत निर्णय ही हमारे सारे जीवन को पश्चात्ताप की अग्नि में जलाने के लिए काफी होता है। जीवन के बीते हुए दिन और उन दिनों की भूलें, किसी पुरानी चोट के समान रह-रहकर दर्द करने लगती हैं। इसलिए अतीत की इन भूलों, अप्रिय प्रसंगों, हादसों को याद कर अपने वर्तमान को दुखी न बनाएं।

रामस्वरूप जी की यह सोच कि "अगर मैंने स्टेशन रोड वाली वह जमीन न बेची होती, तो आज वह लाखों की होती", मूर्खता-भरी सोच ही तो है। अपनी इस प्रकार की मूर्खताओं को याद कर-करके रोना, व्यर्थ का प्रलाप करना, अपनी भाग्यहीनता पर आंसू बहाना क्या अर्थ रखता है ? वास्तव में इस प्रकार की बातें कर आप अपने मन को तो दुखी करते ही हैं, साथ ही अपनी भावी सोच को भी कुंठित कर लेते हैं, जिससे भविष्य में भी आप अपने बारे में कोई अच्छा निर्णय नहीं ले पाते।

बीती बातों को सोचकर दुखी न हों : सामाजिक और पारिवारिक जीवन में 'बीती ताहि बिसारि दे' के आदर्श को स्वीकार कर हमेशा भविष्य को सजाने-संवारने की सोच पालें। क्षेत्र चाहे व्यापार का हो अथवा नौकरी का, करियर बनाने का हो अथवा जीवन-साथी के चयन का, बेटी के विवाह का हो अथवा पुत्र को काम के लिए बाहर भेजने का, अपने सभी निर्णय सोच-समझकर लें। इस विषय में

सबसे पहले यह सोचें कि इन निर्णयों का आपके भविष्य पर क्या प्रभाव पड़ेगा ? बच्चों का भविष्य कितना उज्ज्वल बनेगा ? आपके इस निर्णय में संभावित बाधाएं क्या-क्या आ सकती हैं, आदि पर विचार करने के बाद अपने इन निर्णयों का पूरे मनोयोग और दृढ़ इच्छा-शक्ति के साथ क्रियांवयन करें। उन्हें भी विश्वास में लें, जिनके बारे में आप यह निर्णय ले रहे हैं। उनकी रुचि जानें, उनके उत्साह की जानकारी लें। इससे जहां आपका कल उज्ज्वल होगा, वहीं आपको अपने निर्णय पर कभी पश्चात्ताप अथवा आत्मग्लानि नहीं होगी।

भविष्य के प्रति आशाएं रखें: अपने वर्तमान और भविष्य को सुखी, समृद्धशाली और सफल बनाने के लिए मन में किसी प्रकार की आशंका अथवा संदेह, भय अथवा भ्रम की स्थिति पैदा न होने दें। आशंकाओं का समाधान पहले से ही कर लें। यदि फिर भी मन में कोई आशंका बनी रहती है, तो निर्णय लेने से पहले इसका समाधान अवश्य कर लें। अनावश्यक आशंकाएं, चिंताएं अथवा दुश्चिंताएं पाल कर अपने-आप को तनावग्रस्त बनाए रखने की सोच कभी न पालें।

"अबकी बार यदि उन्होंने मेरी बेटी को नापसंद कर दिया तो...।"

"सत्ताईस की तो मंजू हो ही गई है...उसके साथ की सभी लड़कियों के एक-एक, दो-दो बेटे-बेटियां भी हो गए हैं...।"

"पता नहीं ससुराल में मेरी बेटी कैसे रहती होगी... ?"

"अब तो मेरे सामने तलाक ही एकमात्र विकल्प है...।" "आत्महत्या कर लूं तो...।"

मन में आई ऐसी आशंकाएं और विचार हैं, जो कभी भी पारिवारिक अनिष्ट के कारण बन सकते हैं। वास्तव में इस प्रकार की आशंकाएं मन में केवल इसलिए पैदा होती हैं कि आप निराशावादी सोच के व्यक्ति हैं, आपकी सोच रुग्ण है, जो आपको इससे अधिक कुछ और सोचने ही नहीं देती। अपने और अपने परिवार के बारे में इस प्रकार की सोच से ऊपर उठें। हमेशा सकारात्मक सोचें। अपने से संबंधित कार्यों को हमेशा सर्वोत्तम रूप में ही करें। किसी भी कार्य और व्यवहार को 'बेगार' समझकर न करें। यह आपको बताने या समझाने की आवश्यकता नहीं है कि 'क्वालिटी वर्क' की मांग हमेशा बाजार में बनी रहती है। आप भी इस गुण को अपने चरित्र, व्यवहार और सोच में लाएं।

अपने कार्यों का मूल्यांकन स्वयं करें : अपने कार्यों का मूल्यांकन स्वयं करते रहें। इनमें हुई गलतियों को स्वीकारते रहें। अपनी गलतियों को परखने के लिए सबसे

बड़ा परीक्षक हमारा अपना ही मन होता है। यदि आप यह समझते हैं कि आपसे कहीं कुछ गलत, अनुचित हो गया है, अपेक्षाओं के प्रतिकूल कोई व्यवहार हो गया है, आपके साथ कुछ अप्रिय हादसा हो गया है, आप विश्वासघात अथवा ठगी के शिकार हो गए हैं, तो अपनी इस गलती अथवा भूल को मन-ही-मन स्वीकारें और भविष्य में ऐसी घटनाओं को रोकने के प्रति ठोस निर्णय लें।

''दो वर्ष पूर्व जब मैं अपने एक सहकुटुंबी के परिवार में एक लड़की के विवाह में गई थी, वहीं एक लड़के ने मेरे साथ धोखा कर, आइसक्रीम में कुछ नशीला पदार्थ खिला कर मेरे साथ विश्वासघात किया था। विवाह के माहौल में उस समय तो मैं सब कुछ एक कड़वे घूंट के समान पीकर रह गई, लेकिन मेरे मन का अपराध-भाव आज भी मुझे जीने नहीं देता। आज भी मैं उस अप्रिय हादसे से मुक्त नहीं हो पाई हूं। मुझे लगता है कि मैंने इस अपराध के लिए उसे क्षमा कर बहुत बड़ा अपराध किया है। अब जबकि जल्द ही मेरा विवाह होने वाला है, मैं डरती हूं कि कहीं मेरे अतीत का यह काला पृष्ठ मेरे पति के सामने खुल गया तो...। मेरे पास आत्महत्या के सिवाय और कोई विकल्प नहीं। मेरे चेहरे की हंसी, मन की खुशी और रातों की नींद, सब कुछ मुझसे छिन गई है। मैं मरना चाहती हूं, आप ही बताएं कि मैं क्या करूं।''

जीवन में घटित हुए ऐसे हादसों का आपके वर्तमान जीवन से क्या संबंध है ? ऐसे हादसों की पीड़ा को मन में सहेज कर क्यों रखना चाहेंगी ? अतः सच्चे मन से इस प्रकार के हादसों, घटनाओं, संबंधों को बुरे सपनों की भांति भूल जाएं और अपनी नई जिंदगी को नए संकल्पों, नई आशाओं के साथ जिएं। भूल कर भी ऐसे हादसों की चर्चा किसी से न करें।

मीठा बोलें, सुख-सम्मान पाएं : वाणी के सौंदर्य को स्वीकारें। वाणी की अभिव्यक्ति आपकी सामाजिक और पारिवारिक प्रतिष्ठा को बनाती-बिगाड़ती है। वाणी के कारण ही आप समाज के विभिन्न लोगों, व्यक्तियों, वर्गों से जुड़ते हैं। उन्हें आकर्षित और प्रभावित करते हैं। वाणी के कारण ही आपके सामाजिक संबंध बनते-बिगड़ते हैं, आप सम्मान अथवा प्रतिष्ठा के पात्र बनते हैं। मधुर, शिष्ट, स्निग्ध और आत्मीयता पूर्ण वाणी से सबके साथ जुड़ें। वाणी का सत्यम्, शिवम् और सुंदरम् रूप ही हमारी संपूर्ण सफलता का आधार है। कठोर, कर्कश, असत्य और दिल दुखाने वाले शब्द हमें कभी भी प्रतिष्ठा नहीं दिला सकते। अनियंत्रित वाणी मूर्खों की पहचान है। अप्रिय वाणी बोलने वाला व्यक्ति ही प्रायः अपने किए हुए अथवा बोले हुए पर पश्चात्ताप करता है। मधुर वाणी बोलने वाला सबके दिल में स्थान बना लेता है। वाणी हमारी भावनाओं को भी प्रभावित करती है। अगर आपने

किसी को आंखों से बातें करते देखा होगा, तो आप इस सत्य से भलीभांति परिचित हो जाएंगे। वाणी के कारण ही कभी-कभी आपस में मनमुटाव पैदा हो जाते हैं। मनमुटाव चाहे पति-पत्नी में हो, मां-बेटी में हो, बाप-बेटे में हो अथवा भाई-बहन में, आपसी समझदारी और वैचारिक उदारता से ऐसे मतभेदों को मधुर वाणी से तुरंत निपटा दें। अनबोले की स्थिति पैदा कर जहां आप अपने मानसिक बोझ को बढ़ाते हैं, वहीं इन मनमुटावों को दृढ़ता भी प्रदान करते हैं, जो किसी भी स्थिति में उचित नहीं। यदि आपस में लंबे समय तक बातचीत का क्रम बंद हो जाए अथवा संवादहीनता की स्थिति निर्मित हो जाए, तो परिवार के प्रति सदस्यों का आकर्षण कम होने लगता है। घर में हंसी-खुशी का माहौल समाप्त होने लगता है। एक अजीब-से तनाव और घुटन को कोई कब तक घर में सहन कर सकता है ? अतः अपनी और परिवार की खुशहाली के लिए घर में ऐसी स्थिति न निर्मित होने दें। खाने की मेज एक ऐसा स्थान है, जहां परिवार के प्रत्येक सदस्य को बैठकर आपस में शिष्ट, शालीन हंसी-मजाक अवश्य करना चाहिए। इससे जहां आपस के विवाद समाप्त होते हैं, वहीं गलतफहमियां भी पैदा नहीं होने पातीं और एक-दूसरे के मन में वैचारिक उदारता भी बढ़ती है।

महत्त्वाकांक्षी होना बुरा नहीं, केवल इतना ध्यान रखें कि अपनी सामाजिक और पारिवारिक क्षमताओं को जानें, समझें। अति महत्त्वाकांक्षाएं ओढ़कर शेख-चिल्लीपन का व्यवहार हमारी महत्त्वाकांक्षाओं को कुंठित बनाता है, साथ ही हम जगहंसाई के पात्र बनते हैं।

मन को वश में रखें : अपने वर्तमान को सुखी, संपन्न और समुन्नत बनाने के लिए, अपनी इच्छा-शक्ति को सुदृढ़ बनाने के लिए गीता में कहा गया है कि मन बड़ा चंचल होता है। इसे वश में करना कठिन अवश्य होता है, लेकिन असंभव नहीं। इच्छाओं की पूर्ति न होने से निराशा, ग्लानि, असफलता के जो भाव मन में पैदा होते हैं, वही दुख की अनुभूति है। इसलिए अपनी इन इच्छाओं को विवेक से दमित करना चाहिए। भावनाओं के आवेश में हीनताओं को गले लगाना, पथभ्रष्ट होना अथवा पाप कर्म करना कहां की बुद्धिमत्ता है ? इस प्रकार का आचरण कर न केवल आप अपना वर्तमान अभिशप्त करते हैं, बल्कि भविष्य को भी दांव पर लगाते हैं। कर्तव्य और भावनाओं के इस संघर्ष में कभी भी भावनाओं का साथ न दें।

इसे संयोग अथवा दुर्भाग्य ही कहना चाहिए कि जैसे ही सुनीता अपने पति को 'सी ऑफ' करके स्टेशन से बाहर निकली, सामने विजय को पाकर चौंक पड़ी। विजय और सुनीता कॉलेज के दिनों में एक-दूसरे के घनिष्ठ मित्र थे। घर में भी

आना-जाना था। परस्पर में कुछ आकर्षण और आसक्ति-भाव था। कभी दोनों ने एक-दूसरे का हो जाने की बातें भी की थीं, आंखों में एक-दूसरे के लिए सपने भी देखे थे, लेकिन समय ने एक-दूसरे को अलग कर दिया। विजय नौकरी के सिलसिले में बाहर चला गया और सुनीता रमन की जीवन-संगिनी बन दिल्ली चली गई। सब कुछ सामान्य हो गया। आज अचानक विजय को सामने पाकर पुरानी स्मृतियां ताजा हो आईं। आंखों में एक-दूसरे के लिए लाल डोरे चमकने लगे। दोनों के मन में दबी भावनाएं एक साथ उमड़ीं और इच्छाएं बन आंखों में तैरने लगीं। चलते-चलते न जाने कैसे वह विजय के साथ होटल में आ गई और फिर विवाह पूर्व संबंधों का एक ऐसा सैलाब आया, जिसे दोनों न रोक सके। भावनाएं एक-एक कर साकार होने लगीं।

सुनीता की यह चारित्रिक कमी उसके पति की आंखों से न छिप सकी। अपराध-भाव के रहते पति-पत्नी का दांपत्य जीवन नदी के दो किनारे बनकर रह गया।

सामाजिक और पारिवारिक जीवन में अपनी चारित्रिक विशेषताओं को उभारें। मन, वचन और कर्म से अपनी इच्छाओं का मूल्यांकन करें। इस मूल्यांकन में अपनी सीमाओं, क्षमताओं का भी ख्याल रखें। सदैव दूसरों की भावनाओं को मान-प्रतिष्ठा दें।

दूसरों की दुखती नस न टटोलें : जब हमारी हीनताएं, अप्रिय प्रसंग हमें मानसिक रूप से दुखी करते हैं, तो यही बात दूसरों पर भी लागू होती है, फिर आप दूसरों की कमजोरियों, हीनताओं, कमियों अथवा दुखती नस पर हाथ क्यों रखते हैं ?

"अरे श्वेता, सुना है जो लड़का तुम्हें झांसी से देखने आया था, उसने तुम्हें नापसंद कर दिया, कुछ दहेज-वहेज का चक्कर था या फिर...पहले भी तो आगरे वाले लड़के ने तुम्हें नापसंद कर दिया था, और वह ग्वालियर वाला रिश्ता क्यों तोड़ दिया उन्होंने... ? तुम्हारी तो दूसरी मां है ना...तुम्हारे पिता किसके पास रहते हैं...? तुम्हारी बहन ने तो 'लव मैरिज' की है ना... ?"

ऐसी बातें पूछकर, कहकर अथवा सुनाकर भला आप समाज में कौन-सा प्रतिष्ठाजन्य मापदंड स्थापित करना चाहते हैं/चाहती हैं। वास्तव में यह आपकी संकीर्ण मानसिकता का परिचायक तो है ही, साथ ही आप अपनी हिंसक और ईर्ष्यालु मानसिक सोच का भी प्रदर्शन करती हैं। सच तो यह है कि जब आप दूसरों की सफलताओं को सरलता से पचा नहीं पाते अथवा अपने अहं की संतुष्टि करना चाहते हैं या फिर अपने मन की हीनता व्यक्त करना चाहते हैं, तो इस प्रकार की भावनाओं की अभिव्यक्ति करते हैं। जबकि आपका इस प्रकार का व्यवहार

लोगों को फूटी आंख पसंद नहीं आता और इन्हीं बातों के कारण लोग आपको पास बिठाना भी पसंद नहीं करते।

अपने सामाजिक जीवन में किसी भी प्रसंग में दूसरों की हीनता अथवा किसी कमजोरी की बात कर उसकी दुखती नस पर हाथ न रखें। ऐसी बातों पर उन्हें मानसिक क्लेश तो होता ही है, लेकिन इस स्थिति के लिए वे आपको भी अच्छा नहीं समझते। सच तो यह है कि इस प्रकार की चर्चा कर हम उनके जख्मों पर नमक छिड़कने का काम करते हैं, उनके दिल का दर्द बढ़ाते हैं।

"क्यों सुधा, क्या बात है ? आजकल तुम कुछ ज्यादा ही परेशान दिखाई देती हो, सुना है तुम्हारे 'वे' आजकल रात को घर ही नहीं आते...। मैंने तो यह भी सुना है कि सारा का सारा वेतन भी 'उसी' को दे देते हैं। आखिर क्या हुआ है, जो वे तुमसे इतने दूर हो गए हैं ? जब उन्हें तेरी परवाह नहीं, तो तू भी छोड़ उनका पीछा। तलाक लेकर पीछा छुड़ा, कब तक ऐसे आदमी के तलवे चाटती रहेगी...मैं अगर तेरी जगह होती तो...।"

इस प्रकार की सहानुभूति जताने अथवा तलाक लेने-देने के सुझावों से पारिवारिक समस्याओं का समाधान नहीं होता है, बल्कि समस्याएं और अधिक उलझ जाती हैं। अतः यदि आप अपने किसी पड़ोसी, सहेली अथवा शुभचिंतक के साथ इस प्रकार का व्यवहार करना भी चाहती हैं, तो उसके प्रति अपनी सहानुभूति का व्यवहार कुछ इस प्रकार से करें :

"अरे सरला, छोड़ रूपेश की बात को...तुम भी क्या बीते दिनों की याद लेकर बैठ गईं। कोई जौहरी ही हीरे की परख कर सकता है, अगर उन्होंने तुम जैसे हीरे की परख नहीं की, तो इसमें हीरे का क्या दोष...भाग्यशाली होगा वह जिसकी तुम पत्नी बनोगी...पन्ना पलट, चल नया अध्याय शुरू कर...मेरी मान तो शर्मा जी के यहां नौकरी ज्वाइन कर ले। दिल भी लगा रहेगा और समय भी अच्छा व्यतीत होगा। सात हजार से कम तो नहीं देंगे...।"

कहने का आशय यह है कि दूसरों की कमियों को उछालने की अपेक्षा उनकी कमियों को ढकें, जख्मों पर मरहम लगाने की सोचें।

जीवन में सबको सब कुछ नहीं मिल जाता। इसलिए अपने जीवन की कमियों, अभावों को अभिशाप न समझें। दूसरों के प्रति व्यक्त किया गया विश्वास हमें सामाजिक सुरक्षा और संरक्षण प्रदान करता है, प्रतिष्ठा प्रदान करता है। तनावों से मुक्त रखता है। अतः अपनी कथनी और करनी में साम्य स्थापित कर दूसरों

का विश्वास अर्जित करें। अपनी सोच को मौलिक, विवेकशील आधार दें। अपनी हीनताओं का रोना रोकर मरे हुए सांप को गले में लटकाने जैसे व्यवहार से बचें और जगहंसाई के पात्र न बनें। अप्रिय प्रसंगों, हादसों को भूलकर नए लक्ष्य की ओर कदम बढ़ाएं। जब आगे खड़ी सफलताएं आपका हाथ थामने के लिए तैयार खड़ी हैं, तो फिर आप भी आगे बढ़कर उनका हाथ थामें। अपने परिवार के सदस्यों को भी स्वतंत्र निर्णय लेने के लिए स्वतंत्र छोड़ें और उनके निर्णयों में विश्वास व्यक्त करें, उनमें सहमति प्रकट करें। इस विषय में इस सत्य को कभी न भूलें कि ईश्वर भी उन्हीं की मदद करता है, जो अपनी मदद आप करते हैं, वक्त के साथ चलते हैं, आगे दौड़ना चाहते हैं। दौड़ में आगे निकलने की यह चाहत ही वर्तमान जीवन-शैली की व्यावहारिक सोच है, जबकि अप्रिय प्रसंगों को छिपाना, फैशन, ग्लैमर, भौतिकवाद की चकाचौंध, आधुनिकता के नाम पर ऐसे व्यवहार हैं, जिनके परिणाम कभी भी अच्छे, सुखद और शुभ नहीं होते। इस प्रकार का व्यवहार जहां आपको अपनों की नजरों से गिराता है, वहीं आप सामाजिक उपेक्षाओं के पात्र बनते हैं, जो आपको कहीं का नहीं छोड़ते।

ऐसे अनेक प्रभावशाली बाहुबलियों का दुखद अंत आपने देखा होगा। अतः इस शाश्वत सत्य को खुले दिल से स्वीकारें कि अप्रिय प्रसंग, अनैतिक व्यवहार हमेशा अभिशाप ही सिद्ध होते हैं।

❑❑❑

गलतियों को न दोहराएं

- गलतियों के लिए मन में अपराध-बोध न लाएं।
- कार्य शुरू करने से पहले ही गलती होने का भय न पालें।
- गलतियों को समय रहते सुधारें।

भावनाओं के आवेश में किसी भ्रामक धारणा, विवशता, प्रलोभन, पूर्वाग्रही सोच अथवा अति उत्साह में आकर कभी-कभी हमारा चिंतन, व्यवहार, सोच और अभिव्यक्ति कुछ ऐसी हो जाती है, जिसे न तो सामाजिक मान्यता और प्रतिष्ठा ही मिलती है और न वह हमारी प्रगति अथवा सफलता का आधार ही बनती है। ऐसे अप्रिय व्यवहार, भ्रामक सोच, अवैध संबंध, ऐसी गलतियां ही हमारे सामाजिक और पारिवारिक जीवन में 'फांस' बनकर हमें मानसिक रूप से बोझिल बनाए रखते हैं। ये गलतियां जहां हमारी मान-प्रतिष्ठा पर प्रश्न-चिह्न बनाती हैं, वहीं हमारा मन और आत्मा भी हमें इन गलतियों के लिए कभी माफ नहीं करती। अप्रत्यक्ष रूप से ये गलतियां ही हमारे दांपत्य और पारिवारिक जीवन पर भारी पड़ती हैं। कभी-कभी एक छोटी-सी गलती अथवा भूल ही हमारे संपूर्ण जीवन को 'विषाक्त' कर देती है। यह छोटी-सी भूल ही हमें रात-दिन इतनी बेचैन करती है कि सारी-सारी रात करवटें बदलते व्यतीत होती है। इन गलतियों के कारण ही संबंधों के स्नेह-स्रोत सूखने लगते हैं। विश्वास और आत्मीयता की कमी होने लगती है। परिवार के सदस्यों में ही दूरियां बढ़ने लगती हैं। लोग एक-दूसरे की सूरत देखना तक पसंद नहीं करते। सच तो यह है कि इन गलतियों के कारण ही हम अपनों की नजरों से गिर जाते हैं और अपनों की नजरों से गिर जाने की यह हीनता कितनी कष्टकारक होती है, इसका एहसास वही कर सकता है, जिसने कभी यह यथार्थ भोगा हो।

गलती होना स्वाभाविक है : यह भी सच है कि गलतियां हमसे ही होती हैं। संसार में शायद ही ऐसा कोई व्यक्ति होगा, जिसने कभी कोई गलती न की हो। जीवन में उत्थान और पतन का कारण हमारा स्वयं का चरित्र और व्यवहार है। जिस व्यक्ति का चरित्र व्यवस्थित नहीं, वही कदम-कदम पर गलतियां करता है। ईश्वर ने व्यक्ति में बुद्धि, विवेक, संयम, उचित-अनुचित में निर्णय करने की क्षमता प्रदान की है। यदि वह समझदारी से काम लेता है, तो वह होने वाली गलतियों को स्वयं ही सुधार लेता है, गलतियों से बचकर चलता है।

गलतियों के संबंध में सामाजिक मान्यता यह भी है कि सुबह का भूला यदि शाम को घर वापस आ जाता है, तो उसे भूला नहीं कहते। गलती का एहसास होते ही व्यक्ति अपनी गलतियों को सुधारने की कोशिश करता है। समय रहते गलतियों को सुधारने की सोच प्रगतिशील सोच है। जो व्यक्ति समय रहते गलतियों को सुधार लेते हैं, वे भविष्य में भी गलती न करने की गांठ बांध लेते हैं। ऐसे व्यक्ति ही बुद्धिमान कहलाते हैं।

गलती करने की आदत न डालें : एक बार गलती हो जाना स्वाभाविक है, लेकिन एक ही गलती को बार-बार दोहराना अथवा जानबूझ कर गलत आचरण करना ही अपराध की श्रेणी में आता है। ऐसे संबंधों, व्यवहारों को सामाजिक मान्यता नहीं मिलती है और न ही इन्हें कोई पसंद करता है। गलती चाहे छोटी हो अथवा बड़ी, अनुचित व्यवहार तो सबको समान रूप से अखरते हैं। इसलिए ऐसे व्यवहारों, विचारों को, जो समाज की नजर में, यहां तक कि स्वयं आपकी अपनी ही नजर में अनुचति हों, गलत हों, उनमें सुधार करें, अन्यथा छोटी-से-छोटी भूल भी कितना भयानक रूप धारण कर लेती है, इसकी आप कल्पना भी नहीं कर सकते। एक छोटी-सी चिनगारी बड़े-से-बड़े अग्निकांड की शुरुआत कर सकती है।

चोरी करने, झूठ बोलने, चुगली करने आदि की आदत, कामकाजी जीवन में अधिकारियों की निकटता चाहने की सोच, पुरुष साथियों से मित्रता स्थापित करने की सोच, अधिकारियों से सहानुभूति प्राप्त करने के लिए अपनी हीनता प्रदर्शित करना, पड़ोस की महिला अथवा पुरुष से अवैध संबंध रखना, विवाह पूर्व के संबंधों को विवाह के बाद भी बनाए रखना अथवा घर की खुशियों को बाहर के स्त्री-पुरुषों में ढूंढ़ना, परिवार के किसी सदस्य के साथ विश्वासघात करना आदि ऐसे ही व्यवहार हैं, जो किसी-न-किसी रूप में 'गलतियां' बनकर सामने आते हैं। कभी-कभी पारिवारिक अथवा सामाजिक जीवन में हमें कुछ ऐसे अनुचित समझौते करने पड़ते हैं, जो हमारी विवशता होते हैं। ऐसे सभी संबंधों, व्यवहारों को यदि समय रहते नहीं छोड़ा जाता, अपनी गलतियों में सुधार नहीं किया जाता

या ऐसे संबंधों को समाप्त नहीं किया जाता, तो हम सबको अपनी इन गलतियों की बड़ी भारी कीमत चुकानी पड़ती है।

अपनों के छल से बचें : एक सर्वेक्षण के अनुसार महिलाओं पर होने वाले अत्याचार या यौन शोषण की घटनाएं घरों में ही होती हैं और इन्हें करने वाले और कोई नहीं, घर के वे ही लोग होते हैं, जो उनके 'अपने' होते हैं। अपनों द्वारा होने वाली इन गलतियों के बारे में सारे समाजशास्त्री इतने चुप हैं कि वे इनके बारे में कोई टिप्पणी करना भी उचित नहीं समझते। ऐसे संबंधों अथवा गलतियों के कारण लोगों में कभी-कभी इतनी आत्महीनता आ जाती है कि वे आत्महत्या तक कर लेते हैं।

इस विषय में एक सत्य यह भी है कि हर व्यक्ति अपना भला-बुरा समझता है और वह हमेशा इस बात के लिए प्रयासरत रहता है कि वह अपने वर्तमान और भविष्य को अच्छा बनाए। इसके बाद भी भावनाओं के आवेश में आकर कभी-कभी कुछ ऐसी गलतियां अथवा अपराध हो जाते हैं, जो हमेशा उन्हें परेशान करते हैं। ऐसी परेशानी से बचने के लिए यदि समय रहते मन में कोई संकल्प कर लिया जाए, तो गलती का सुधार तो संभव है ही, साथ ही वह स्वयं भी अपनी गलती के कारण उत्पन्न हुए अपराध बोध से भी मुक्त हो सकता है।

गलत आग्रह को दृढ़ता से ठुकरा दें : विवाह पूर्व संबंधों को होम कर जब सुजाता ससुराल में आई, तो उसने पीछे मुड़कर भी नहीं देखा। शांत और सुखी दांपत्य जीवन में उस दिन तूफान आ गया, जब अनूप ने अपने विवाह पूर्व संबंधों की दुहाई देकर सुजाता को एकांत में 'प्यार' के लिए मनुहार किया। सुजाता तो अपना भला-बुरा समझती थी, तुरंत दृढ़ता से बोली, "अनूप, मुझे तुमसे ऐसी आशा न थी, मेरे रास्ते से हट जाओ। अब मैं राज की पत्नी बनकर उसके विश्वास से जुड़ गई हूं। अब इस तरह की बात दिमाग में लाना भी मेरे लिए पाप है। हम दोनों विश्वास की एक ऐसी डोर से बंध चुके हैं, जहां हम दोनों के सिवाय किसी तीसरे के लिए कोई स्थान नहीं। मैं राज से विश्वासघात करने के स्थान पर मर जाना ज्यादा पसंद करूंगी। मेरे रास्ते से हट जाओ। तुम मुझे कमजोर मत समझो ...अगर तुमने मेरी जिंदगी में विष घोलना चाहा, तो मैं तुम्हें तुम्हारी करनी का फल अवश्य दूंगी...।"

सुजाता की दृढ़ता के सामने अनूप भीगी बिल्ली के समान कुछ देर तक खड़ा रहा। आखिर चोर में दम ही कितना होता है। गलती करना और गलती करते रहना कोई भी सहन नहीं करता, न ही कोई उसे माफ करता है। जबकि गलती

करने वाले को बाद में सुधर जाने पर सभी माफ कर देते हैं। कानून में भी उन लोगों के साथ हमदर्दी जताई जाती है, जो अपनी गलती में सुधार कर लेते हैं। गलती में सुधार लाने से आशय यह है कि आप भी अपनी सोच को सकारात्मक बनाएं।

यदि आपकी भावनाएं दोषी नहीं हैं, तो समय रहते संभल जाने की पर्याप्त संभावनाएं आपके साथ हैं, जो आपका मनोबल बढ़ाती हैं, आपको भविष्य में गलती न करने के लिए दृढ़ प्रतिज्ञ बनाती हैं, संकल्पित करती हैं। भूल का अहसास और उसके प्रति किया गया पश्चात्ताप और भविष्य में बरती जाने वाली सतर्कता और सावधानी ही गलती को सुधारने का एकमात्र उपाय है।

गलती को छिपाएं नहीं : गलतियों को छिपाना एक और गलती करने के समान होता है, इसलिए स्थिति चाहे जो भी हो, गलती स्वीकारने में संकोच न करें। गलती स्वीकार कर लेने में जहां आप दूसरों का विश्वास और आत्मीयता अर्जित करते हैं/करती हैं, वहीं आपके मन का बोझ भी कम होता है और आपकी समस्याएं और कठिनाइयां भी कम होती हैं। गलती स्वीकारने का अर्थ होता है कि आप अपनी सफलता के लिए एक और प्रयास कर रहे हैं। प्रारंभिक जीवन में ही अपनी छोटी-मोटी गलतियों के लिए 'सॉरी', 'क्षमा कीजिएगा', 'माफ करना', 'इफ यू डोन्ट माइंड...' जैसी बात करना जानें और आवश्यकता अनुसार अपनी सोच को बदलें। दूसरों से कुछ नया सीख कर प्रसन्न हों और अपनी सोच को खुला आकाश दें। इससे जहां आपकी मान-प्रतिष्ठा बढ़ेगी, वहीं आप अपनी चरित्रगत कुछ कमजोरियों पर भी विजय पाने लगेंगे। दूसरों से सीखा हुआ यह ज्ञान जब आपकी मौलिक सोच से मिल जाएगा, तो उसमें जो निखार आएगा, वह आपकी विशिष्टता बनेगा।

दूसरों से सीख लें : आप चाहे परिवार में हों अथवा संस्थान में, किसी निजी व्यवसाय से संबंधित हों अथवा निर्माण की किसी प्रक्रिया से, काम छोटा हो अथवा बड़ा, निजी हो अथवा दूसरों का, यदि आप अपने इस काम में कोई विशिष्टता लाना चाहते हैं, तो हमेशा दूसरों से जुड़ने का प्रयास करें और दूसरों से सीखे हुए इस ज्ञान का उपयोग अपनी मौलिकता के साथ जोड़ कर करें। प्राप्त सफलताओं का श्रेय अकेले लेने की मानसिकता से ऊपर उठें। इस प्रकार की सोच आपको हमेशा दूसरों से कुछ नया सीखने का अवसर प्रदान करेगी और आप दूसरों की सहायता लेने में कभी संकोच नहीं करेंगे। दूसरों के अनुभवों और अपनी मौलिक सोच में समन्वय करें। इस प्रकार की सोच ही आपकी गलतियों को कम करेगी।

गलती की जानकारी बड़ों को अवश्य दें : अपनी गलती अथवा गलतियों की जानकारी अपने अभिभावकों, अधिकारियों को अवश्य दें। इस प्रकार की जानकारी देकर, जहां आप उनका विश्वास अर्जित करेंगे, वहीं आपको गलती सुधारने के पर्याप्त अवसर भी मिलेंगे। इस सुधार की क्रिया में यह प्रयास करें कि आपका काम सुघड़, सलीके से, अच्छा और नीतिसम्यक् हो। उसमें कहीं कोई गलती अथवा अनियमितता न हो। उसे तभी प्रारंभ करें, जब आप उसे पूरी तरह से समझ जाएं। अपने उज्ज्वल भविष्य और सुखद वर्तमान को प्रगतिशील सोच दें। अपने निर्णयों, विचारों को जीवन की सच्चाइयों से जोड़ें। सदैव भलाई की कामना करें, लेकिन यदि कुछ गलत होता है, तो उसके लिए भी तैयार रहें।

गलती को गलती समझकर स्वीकारें और खाने में आ गए कंकड़ की तरह निकाल बाहर फेंकें। अपनी बौद्धिक योग्यता का उपयोग करें। धीमी और सहज गति से किए गए विचार हमें सफलता का नया आधार देते हैं।

कछुए और खरगोश की कहानी तो हम सभी ने सुनी है। खरगोश को भी अपनी गलती का एहसास हुआ था। हमारी सफलताएं सुनिश्चित हों, इसके लिए यह बहुत आवश्यक है कि सफलता प्राप्ति के मार्ग में आने वाली बाधाओं और कठिनाइयों को हम समय रहते धैर्य, साहस और विवेक के साथ दूर करें। जल्दबाजी में कोई निर्णय न लें।

गलती से भयभीत न हों : असफलता अथवा गलती के भय से किसी काम को प्रारंभ न करना सबसे बड़ी गलती है, इसलिए गलती होने का भय मन से निकाल दें और काम करना प्रारंभ कर दें। हमेशा प्रसन्नचित्त होकर, शांत मन से काम करें। इससे जहां आपको काम करने में आनंद की अनुभूति होगी, वहीं आप कभी ऊब और थकान का अनुभव नहीं करेंगे। इस बात का ध्यान रखें कि आप अपनी क्षमताओं का मूल्यांकन हमेशा करते रहें। सीमाओं और क्षमताओं से बाहर किए गए कार्यों में गलतियां होती हैं, अतः इस सच्चाई से मुंह न मोड़ें। सच्चाई से मुंह मोड़ने वालों की स्थिति उस कबूतर जैसी होती है, जिसने बिल्ली को आते देख आंखें बंद कर ली थीं। अतः अपने साधनों के अनुकूल ही अपना काम करें, गलतियों की संभावनाएं स्वतः ही कम हो जाएंगी।

भ्रामक धारणाएं न पालें : दूसरों के प्रति अपने मन में बनी भ्रामक धारणाओं को निर्मूल करें। कभी-कभी हम अपनों के बारे में ही कुछ भ्रामक सोच मन में पाल लेते हैं। ऐसी भ्रामक धारणाओं को निर्मूल बनाएं।

"सर, सुनीता के बारे में आपको गलतफहमी हुई है। वह ऐसी बिल्कुल नहीं, वह तो एक जिम्मेदार, मेहनती और चरित्रवान महिला है, उस पर तो विश्वास किया जा सकता है...।"

ऐसी बात सुनकर जहां हमें अपनी सोच बदल लेनी चाहिए, वहीं दूसरों को भी सुधरने के अवसर देने चाहिए, क्योंकि आखिर दूसरे भी तो मानवीय चिंतन से प्रभावित और प्रेरित होते हैं। उनके मन में अपनी एक स्वच्छ छवि बनाने की ललक और इच्छा होती है। इसलिए संपर्क क्षेत्र में सभी लोगों को अपनी गलती पर सोचने-विचारने के पर्याप्त अवसर देने चाहिए।

ध्यान रखें कि गलतियां दैनिक जीवन का अनिवार्य अंग हैं। गलती करना उतना बुरा नहीं जितना कि गलती का पता लग जाने के बाद भी उसमें सुधार न करना। इस परिप्रेक्ष्य में सावधान रहें कि जिस व्यक्ति की चिंतनशक्ति, विवेक परक और व्यावहारिक होती है, जिन्हें परिवार का पूरा-पूरा स्नेह, संरक्षण और सुरक्षा मिलती है, जो अपनी सफलताओं-असफलताओं के प्रति निरंतर जागरूक होते हैं, वे गलती करके भी अपराध बोध से ग्रसित नहीं होते, क्योंकि उन्हें अपनी गलती स्वीकारने और उसमें सुधार करने में कोई संकोच नहीं होता अथवा वे अपनी गलती में सुधार के प्रति उतने ही प्रयासरत रहते हैं। गलतियों के प्रति बच्चों, युवाओं और वृद्धों को भी इस धारणा से मुक्त होना चाहिए कि गलतियां करना पाप है। वास्तव में गलतियां तो सुधारने के लिए ही होती हैं। गलतियां करके अगर आप प्रसन्न नहीं होते, तो इन्हें सुधारकर तो अवश्य प्रसन्न हों। की गई गलतियों को मन ही मन स्वीकारें, जो आपको अनेक प्रकार के अपराध बोधों से मुक्त करेंगी। अपराध मुक्ति का यह भाव और एहसास आपकी मानसिक प्रसन्नता का कारण बनेगा।

❏❏❏

परिचय क्षेत्र बढ़ाएं

- मित्रों, संबंधियों, परिचितों से निरंतर संपर्क बनाए रखें।
- परिचय क्षेत्र के लोगों को गुण-दोषों के साथ अपनाएं।
- परिचय क्षेत्र के व्यक्तियों के दोषों को अनदेखा करें।

प्रत्येक व्यक्ति की यह इच्छा होती है कि वह अपने परिचय क्षेत्र में प्रसिद्ध हो, लोग उसे जानें, उसके कार्यों की प्रशंसा करें। यश पाने की इस इच्छा की पूर्ति के लिए ही वह अपना परिचय क्षेत्र बढ़ाता है। परिचय क्षेत्र को बढ़ाने के लिए उसे अपने कार्यों, व्यवहारों, सोच, यहां तक कि चरित्र के प्रति भी हमेशा जागरूक रहना पड़ता है। यह बात ठीक भी है कि यदि व्यक्ति में कोई विशिष्टता नहीं होगी, तो कोई भला उससे क्यों प्रभावित होगा।

परिचय क्षेत्र बढ़ाने के लिए आवश्यक है कि आपके संपर्क में आने वाले मित्र, संबंधी, परिचित, वरिष्ठ, कनिष्ठ सहकर्मी, यहां तक कि पड़ोसी भी आपसे जुड़े रहें। इसके लिए आवश्यक है कि संपर्क में आने का कोई भी क्षण आप हाथ से न निकलने दें। इस विषय में कई लोगों का विचार है कि जितना अधिक संपर्क क्षेत्र होगा, मुसीबतें उतनी ही अधिक होंगी। इस कारण वे अपने परिचय क्षेत्र के प्रति उदासीनता बरतते हैं।

इस विषय में सोच अपनी-अपनी है। जो लोग परिचय क्षेत्र बढ़ाने में विश्वास रखते हैं, वे कहते हैं कि आदमी ही आदमी के काम आता है, जबकि उदासीन रहने वाले कहते हैं कि ''कौन मुसीबत मोल ले ?'' यह तो आपको ही निर्णय करना है कि इसमें श्रेष्ठ विचार कौन-सा है। परिचय क्षेत्र बढ़ाने के लिए आपको जीवन में अनेक अवसर मिलते हैं। स्कूल में प्रवेश से लेकर वृद्धावस्था तक ऐसे

अवसरों की कमी नहीं, जो आपको परिचय क्षेत्र बढ़ाने के लिए मिलते हैं। परिचय क्षेत्र बढ़ाकर आप अपनी अनेक मनोवैज्ञानिक इच्छाएं, आवश्यकताएं, अपेक्षाएं पूरी करते हैं। यह तभी संभव है, जब आप अपने परिचय क्षेत्र में सफल व्यक्ति माने जाते हैं। परिचय क्षेत्र में आपने जो ख्याति प्राप्त की है, आपकी जो छवि बनी है, वह निस्संदेह आपके आकर्षक व्यक्तित्व और अच्छे गुणों के कारण ही बनी है।

परिचय क्षेत्र बढ़ाएं : वास्तव में यह बढ़ा हुआ परिचय क्षेत्र ही हमारी प्रसिद्धि और प्रगति का आधार बनता है और हम लोगों के दिल में स्थान पाते हैं।

परिचय क्षेत्र बढ़ाने के लिए आपको प्रयासों की अपेक्षा व्यक्तित्व को प्रभावी बनाना होता है। इस बात का ध्यान रखें कि संपर्क में आने वाले लोग आपसे तभी प्रभावित, प्रेरित और आकर्षित होते हैं, जब आपके व्यवहार और विचारों में कुछ विशिष्टता हो। आपका व्यवहार यदि आत्मीयता से पूर्ण होगा, तो आपके संपर्क में आने वाला व्यक्ति शीघ्र ही आपसे जुड़ाव अनुभव करेगा और आपसे प्रभावित होगा। यह संबंध स्थाई बने, इसके लिए आप संपर्क में आने वालों की अपेक्षाओं का ख्याल रखें। उन्हें अपने स्तर पर पूरा करें। उनके प्रति अपने कर्तव्यों का पालन करें। कर्तव्य का मार्ग कठिन होता है, इसलिए उसका पालन करना भी कठिन होता है, लेकिन वास्तव में जो अपने इन कर्तव्यों को पूरा कर लेते हैं, सफलताओं के द्वार भी उन्हीं के लिए खुलते हैं। अतः किसी बात की चिंता किए बिना आप अपने कर्तव्यों का पालन करने का प्रयास करें।

कार्यों का मूल्यांकन होता रहता है : वास्तव में हमारे कार्यों का मूल्यांकन हमेशा होता रहता है। यदि हम अपने कर्तव्यों के प्रति सावधान हैं, तो यह मूल्यांकन हमेशा हमारे पक्ष में होता है। भले ही इसका तत्काल हमें कोई लाभ न मिले, लेकिन कालांतर में हमारे कर्तव्य प्रभाव दिखाते हैं। मेहनत रंग लाती है। हमारे कर्तव्य हमारे संपर्क क्षेत्र में हमारी मान-प्रतिष्ठा बढ़ाते हैं।

संस्थान में पदोन्नति की बात चल रही थी, तभी वरिष्ठ अधिकारी ने अपने सहायक को बुलाकर पूछा, "उस लड़के का क्या नाम है... वह गोरा-सा, पतला, कम बोलने वाला अभी नया-नया आया है, हमेशा समय पर आता है। अरे वही जो हमेशा प्रसन्न रहकर अपनी सीट पर बैठा-बैठा अपना काम करता रहता है। उसे ही इस सीट पर बैठाओ...मुझे उसकी कार्य-प्रणाली और व्यवहार बहुत पसंद है, उसे ही यह पदोन्नति मिलनी चाहिए...।"

आशय यह है कि मेहनत कभी निष्फल नहीं होती, इसलिए आप कभी न सोचें कि आपके काम को कोई देखने वाला नहीं। कार्य का मूल्यांकन तो हमेशा होता रहता है।

परिचय क्षेत्र बढ़ाने के लिए इस बात को मन में कभी न लाएं कि लोग आपके बारे में क्या सोचते हैं ? वे जो सोचते हैं, उन्हें सोचने दें। उनसे यह अपेक्षाएं न करें कि वे आपके कार्यों-व्यवहारों की प्रशंसा करें, सराहें। वास्तव में दूसरों की प्रशंसा करने में व्यक्ति बड़ा कंजूस होता है और कंजूस व्यक्ति से कुछ भी खर्च कराना असंभव नहीं तो कठिन अवश्य होता है।

परिचय क्षेत्र में परहित की सोच रखें : परिचय क्षेत्र में अपनी प्रतिभा के लाभ दूसरों को अवश्य दें। आप भी हमेशा आर्थिक लाभ के लिए ही दूसरों से न जुड़ें, कुछ ऐसे काम अवश्य करें, जो समाज के हित में हों। विश्व प्रसिद्ध कोकिल-कंठी गायिका लता मंगेशकर ने भी ऐसे अनेक गीत निःशुल्क गाए हैं, जिन्हें गाने के लिए वे लाखों रुपये ले सकती थीं। ऐसा ही एक गीत 'ऐ मेरे वतन के लोगों. ..' है, जो उन्होंने पंडित जवाहरलाल नेहरू के समक्ष गाकर लोक भावना से जुड़ने का उदाहरण प्रस्तुत किया। इस गीत को सुनकर जहां श्री नेहरू स्वयं गद्गद हो उठे थे, वहीं स्वयं लता जी भी रो पड़ी थीं।

इस सत्य को स्वीकारें कि आपका परिचय क्षेत्र तभी बढ़ सकता है, जब आप दूसरों के प्रति समर्पित होकर उन्हें कुछ देंगे। देने से आशय केवल इतना ही है कि आप लोगों के प्रति अपनी इन देनदारियों का प्रदर्शन कुछ इस प्रकार से करें कि लोग इसे उपहार समझ कर स्वीकार करें। आपके दिए हुए इस उपहार को इसी भाव से स्वीकारें। सम्मानजनक संबोधन, स्नेहिल मधुर मुस्कान पाकर भला कोई आपकी ओर आकर्षित क्यों न होगा ? बस, इस आकर्षण को ही संपर्क-सूत्र मानकर अपने से बड़ों के साथ सम्मानजनक पहल करें। बराबरी वालों के साथ उनकी अभिरुचियों के आधार पर जुड़ें। छोटों को स्नेहिल सहयोग देकर जुड़ें। यदि प्रथम प्रयास में आपको वांछित सफलता नहीं मिलती, तो अपने मन में किसी के प्रति बदले की भावना या भ्रामक और गलत धारणाएं न बनाएं। इस सत्य को स्वीकारें कि ईर्ष्या की प्रवृत्ति सफलता की सबसे बड़ी दुश्मन है। इसी ईर्ष्या से हम स्वयं भी प्रभावित होते हैं। परिचय क्षेत्र बढ़ाने के लिए अपनी इस कमजोरी पर विजय प्राप्त करें और ईर्ष्या भाव मन से निकाल फेंकें।

अपने-आप को विश्वासपात्र सिद्ध करें : मित्र मंडली हो अथवा सहकर्मी, घर के हों अथवा निकट संबंधी, इस बात का हमेशा ध्यान रखें कि जो बात आप दूसरों

से कहें, उसे पूरा अवश्य करें। झूठ बोलना, चिकनी-चुपड़ी बातें करना अथवा दूसरों को मूर्ख बनाने के लिए अपनी बात का झूठा प्रभाव जमाना उचित नहीं। दूसरों को खुश करने के लिए उनकी हां में हां न मिलाएं। दूसरों की हां में हां मिलाकर आप दूसरों का विश्वास अर्जित नहीं कर सकते। किए हुए वायदों को पूरी तरह से निभाएं। बात के धनी बनें। अपनी बात की गंभीरता को समझें।

परिचय क्षेत्र के लोगों की सहायता कर प्रसन्न हों। इतना ध्यान रखें कि दूसरों की सहायता करना आपका स्वभावगत गुण होना चाहिए। जिस कार्य को करने की आप में क्षमता नहीं, रुचि नहीं, जानकारी नहीं, समय नहीं, इच्छा नहीं, ऐसी सहायता करने की सोच मन में न लाएं। दूसरों पर अहसान करना अलग बात है। अहसान करके प्रत्युत्तर में आप अपेक्षाएं करते हैं और इन अपेक्षाओं के पूरा न होने पर दुखी होते हैं, मन में प्रतिशोधी विचार लाते हैं। इस प्रकार के विचारों के कारण ही आप अपनी मित्र मंडली में बैठकर लंबी-लंबी बातें करते हैं।

''नेकी कर, जूते खा। मैंने खाए, तू भी खा।'', जैसी बातें करके आप परोपकार की भावना का प्रदर्शन करते हैं, साथ ही दूसरों को परोपकार के लिए हतोत्साहित भी करते हैं। वास्तव में परोपकार से हमारा आशय केवल इतना ही है कि यदि आप अपने संपर्क क्षेत्र के उन व्यक्तियों की सहायता कर सकते हैं, जो आपकी सहायता की अपेक्षा करते हैं, तो उनकी सहायता अवश्य करें। अनुचित सहायता करना अथवा अनुचित व्यवहारों को प्रोत्साहन देना उचित नहीं। ऐसे व्यवहारों को सहन न करें। स्पष्ट मानसिक सोच अपनाएं और परोपकार की भावना के साथ परिचय क्षेत्र बढ़ाएं।

स्वार्थ पूर्ति से बचें : अपने परिचय क्षेत्र के लोगों से लाभ उठाने की मानसिक सोच मन में तब तक न लाएं, जब तक कि ऐसा करना नितांत आवश्यक न हो। इस सत्य को भी स्वीकारें कि आपका परिचय क्षेत्र चाहे कितना ही बड़ा अथवा प्रभावशाली क्यों न हो, लोग आपके अच्छे कार्यों के लिए ही आपका साथ देंगे। इसलिए परिचय क्षेत्र में भी परिश्रम, साधना और अच्छे कार्यों के साथ ही जुड़ें। अपने परिचय क्षेत्र में चाहे कितने भी प्रभावी लोग हों, उनके गुणों के कारण ही उनसे जुड़ें। उनके अनुचित कार्यों के लिए किसी का साथ न दें।

शालीन बनें, अंधानुकरण न करें : अपने परिचय क्षेत्र के किसी भी व्यक्ति का अंधानुकरण न करें, वह चाहे कितना ही बड़ा क्यों न हो। परिचय क्षेत्र के व्यक्तियों द्वारा की गई आलोचना को बड़े धैर्य के साथ सुनें, स्वयं विचार करें और फिर अपनी प्रतिक्रिया बड़ी शालीनता और शिष्टता के साथ व्यक्त करें। पं. जवाहरलाल

नेहरू, श्री अटल बिहारी वाजपेयी को इसलिए बहुत चाहते थे कि वे (श्री अटल बिहारी) अपनी बात को बड़ी शालीनता के साथ व्यक्त करते थे। हमारी सामाजिक मान्यता भी यही है कि 'निन्दक नियरे राखिए...।', अर्थात् आलोचना हमारे दोषों को कम करती है। आलोचना सुनने के बाद सही बात कहने का साहस जुटाएं। परिचय क्षेत्र के लोगों की श्रेष्ठता को खुले मन से सराहें।

परिचय क्षेत्र में आपकी लोकप्रियता, प्रतिष्ठा, प्रभाव और वर्चस्व इसलिए बढ़ रहे हैं कि आप दूसरों से कुछ विशिष्ट हैं, योग्य और व्यवहार कुशल हैं, बुद्धिमान हैं, किंतु अपने बढ़ते प्रभाव एवं लोकप्रियता पर घमंड की काली छाया कदापि न पड़ने दें।

दूसरों की कमजोरियों का मजाक न उड़ाएं : दूसरों की कमजोरियों, हीनताओं का मजाक न उड़ाएं। दूसरों की भावनाओं का सम्मान करके ही आप अपने परिचय क्षेत्र में प्रतिष्ठा पा सकते हैं। आपकी सामाजिक प्रतिष्ठा इसलिए बढ़ती है कि आप दूसरों से स्नेह, सहानुभूति रखते हैं। आपकी सोच उदार है। आपके मन में दूसरों के प्रति दया भाव है। अतः अपने इन चारित्रिक गुणों का समय-समय पर प्रदर्शन अवश्य करें। ये चारित्रिक गुण आपके व्यक्तित्व की विशेषता बन सकते हैं। दूसरों की कमजोरियों का मजाक उड़ाकर आप अपने ही कद को छोटा करते हैं, इसलिए दूसरों का मजाक उड़ाने की सोच मन में कभी न लाएं।

अधिकारी केवल उन्हीं कर्मचारियों को भला-बुरा कहते हैं, जो उनकी शह लेते हैं। इस प्रकार की सोच अधिकारी की मान-प्रतिष्ठा नहीं बढ़ाती है। व्यंग्य अथवा तानों के माध्यम से मनुष्य अपनी हीनताओं अथवा संकीर्ण मनोवृत्ति को व्यक्त कर लेते हैं। व्यंग्य के ये तीखे बोल व्यक्ति को बहुत अंदर तक आहत करते हैं। इसलिए परिचय क्षेत्र के व्यक्तियों पर व्यंग्य कसने की आदत से बचें।

मद्यपान से बचें : मद्यपान इन दिनों आधुनिकता, संपन्नता, सामाजिक प्रतिष्ठा और प्रभाव के प्रदर्शन का माध्यम बनता जा रहा है। लोगों को भ्रम है कि शराब पीने से उनका बड़प्पन प्रकट होता है। मद्यपान के बाद दूसरों पर रोब झाड़ कर लोग अपने इसी भ्रम या कुंठाओं का प्रदर्शन करते हैं। इस प्रकार की सोच उचित नहीं, क्योंकि कभी-कभी ऐसे व्यक्ति आपे से बाहर होकर अपशब्दों का प्रयोग करते हैं। इससे उनकी प्रतिष्ठा में कमी आती है। इसलिए आप चाहे अधिकारी हों अथवा कर्मचारी, अपने अधीनस्थ अथवा छोटों पर अपने अधिकारों का यह भद्दा प्रदर्शन कभी न करें। बच्चों, नौकरों अथवा पत्नी पर हाथ उठाना, अधीनस्थ महिला कर्मचारियों के साथ अशिष्टता से पेश आना आपकी प्रतिष्ठा को कम

करेगा। परिचय क्षेत्र में ऐसे लोगों से संपर्क न रखें, जिनके कार्य, विचार, व्यवहार अथवा आदतें आपको पसंद नहीं। ऐसे व्यक्तियों को सुधारने की सोच भी मन में न लाएं। ऐसे व्यक्तियों को सुधारने की अपेक्षा अपने-आप को सुधारें। व्यर्थ की बातों में अपनी शक्ति अथवा क्षमताओं का दुरुपयोग करना किसी भी स्थिति में बुद्धिमत्ता नहीं।

इसे तो आप भी मानते हैं कि संसार में कोई भी व्यक्ति सर्वगुण-संपन्न नहीं है। कमियां, अभाव अथवा दोष सब में होते हैं। अपनी कमियों को जानें और ऐसे लोगों से संपर्क में आने की इच्छा रखें, जो आपकी इन कमियों को कुछ हद तक दूर कर सकें। सीखने की ललक एक ऐसी इच्छा है, जो आपका परिचय क्षेत्र बढ़ाएगी।

चरित्रवान व्यक्तियों से जुड़ें : परिचय क्षेत्र बढ़ाने के लिए हमेशा अच्छे, सफल, प्रतिभाशाली, मेहनती और चरित्रवान व्यक्तियों से संपर्क बनाएं। उनकी व्यस्तता को कम करने के लिए उनसे जुड़ें। उनका विश्वास अर्जित करें। उनके कुछ ऐसे काम आप स्वयं करें, जो वे आपसे कराना चाहते हों अथवा जिनमें आपकी सहायता लेना चाहते हों। ऐसे व्यक्तियों की वैचारिक और मानसिक उदारता का लाभ उठाएं। अपने परिचय क्षेत्र में अपनी छवि स्वयं बनाएं। अपने चरित्र की विशेषताओं को प्रकट होने और अनवरत रूप से निखारने का अवसर दें।

संपर्क क्षेत्र में आपका इस प्रकार का व्यवहार और सोच ही आपकी सफलता के द्वार खोलती है। महान व्यक्तियों की सफलताओं का श्रेय भले ही किसी को मिलता हो, लेकिन वास्तव में उनकी महानता के पीछे उनके सहयोगियों का ही हाथ होता है। परिचय क्षेत्र में संपर्क में आने वाले व्यक्तियों का हाथ होता है। आप भी अपने संपर्क क्षेत्र में आने वाले ऐसे व्यक्तियों से अवश्य जुड़ें। उनकी कार्य-शैली से परिचित हों। उसका अनुसरण करें। उन्हें मन से स्वीकारें।

पल दो पल का साथ : पार्टी, विवाह समारोह, राजनैतिक सम्मेलन, स्कूल-कॉलेज के स्नेह सम्मेलन, सेमीनार, रैलियां, धार्मिक एवं सांस्कृतिक उत्सव आदि परस्पर संपर्क के आधुनिक साधन-माध्यम हैं। यात्रा, पर्यटन में भी आपको किसी न किसी ऐसे व्यक्ति का पल दो पल का साथ मिल सकता है। इस क्रम में संपर्क में आए कुछ ऐसे व्यक्ति हो सकते हैं जो प्रभावी व्यक्तित्व के अत्यंत धनी हों। ऐसे व्यक्तियों से जुड़ने, परिचय और निकटता प्राप्त करने का कोई अवसर हाथ से न जाने दें। ऐसे व्यक्ति आपको भावी जीवन में कहीं न कहीं फिर मिल सकते हैं। प्रत्यक्ष अथवा अप्रत्यक्ष रूप से प्रेरित कर सकते हैं, मानसिक रूप से लाभांवित कर सकते

हैं। यहां तक कि आपकी सफलताओं को नई ऊंचाइयों तक पहुंचाने में आपका साथ दे सकते हैं।

सच तो यह है कि आप अपने परिचय क्षेत्र के लोगों से कुछ इस प्रकार से जुड़ें, जैसे पतंग से डोर जुड़ी रहती है। परिचय क्षेत्र में श्रेष्ठ लोगों की श्रेष्ठता को सराहें। दूसरों से जुड़कर गर्व का अनुभव तो करें, लेकिन इस गर्व-गौरव का भुगतान किसी से न चाहें। समय आने पर आपके उदारतापूर्ण कार्यों का लोग स्वयं मूल्यांकन कर लेंगे और उसका सुखद परिणाम भी आपको अवश्य मिलेगा।

❏❏❏

अलग पहचान बनाएं

- उत्तरदायित्वों का निर्वाह ही प्रतिष्ठा दिलाता है। इसके लिए अपने चिंतन को सकारात्मक बनाएं।
- अपनी कमियों को जानें और उन्हें दूर करने का प्रयास करें।
- संस्थाओं से जुड़ें।

परिचय क्षेत्र में अपनी पहचान बनाने की चाह, यानी कि प्रसिद्धि पाने की इच्छा मनुष्य की मूल इच्छाओं में से एक है। इस इच्छा के लिए ही वह निरंतर संघर्ष करता आ रहा है। प्रगति का इतिहास भी इसी भावना से प्रेरित और प्रभावित रहा है। अस्तित्व की लड़ाई, सत्ता और महत्ता की चाह, समाज में नाम कमाना, अपने-आप को दूसरों से कुछ विशिष्ट कहलाने की इच्छा, ऐसी मनोवैज्ञानिक कमजोरी है, जो आधुनिक समाज की विशेषता बन गई है। अलग पहचान बनाने की चाह एक जीवन-शैली बन गई है, इस सोच ने मनुष्य की भावनाओं को बहुत अंदर तक प्रभावित और प्रेरित किया है। यही कारण है कि लोग लक्ष्य तक पहुंचते ही नाम, प्रतिष्ठा और ख्याति के लिए कुछ भी करने को लालायित रहते हैं। अपनी विशिष्टता को प्रदर्शित करना चाहते हैं। ऐसे व्यक्ति चाहे जिस पद पर भी क्यों न हों, बड़े अधिकारी और समाज के विशिष्ट लोग भी इनकी उपेक्षा नहीं कर पाते और इन्हें अपनी मेहनत का प्रतिफल अवश्य मिलता है।

अलग पहचान बनाने की ललक एक अच्छा गुण है। अच्छे को सभी पसंद करते हैं। सामाजिक जीवन में भी अच्छे का हमेशा से महत्त्व रहा है। आप चाहे फल खरीदें अथवा सब्जी, आपकी दृष्टि हमेशा उत्तम वस्तु पर ही रहती है। ढेर में रखे हुए सैकड़ों आलुओं में भी आपके हाथ केवल सबसे अच्छे पर ही पड़ते हैं। इसी वृत्ति के कारण आप चाहे संस्थान में हों अथवा घर में, कॉलेज में हों अथवा

स्कूल में, विशिष्ट छात्र-छात्राएं, व्यक्ति, अपने अध्यापकों, अधिकारियों की नजर में आ ही जाते हैं। अलग पहचान बना ही लेते हैं।

अलग पहचान बनाने की चाह, अपने-आप को कुछ विशिष्ट प्रदर्शित करने की इस इच्छा को प्रदर्शित करना कोई असामान्य व्यवहार नहीं। थोड़े-से प्रयास और विवेकशील सूझ-बूझ को अपनाएं और फिर देखें आप सैकड़ों-हजारों की भीड़ में भी कैसे उभर कर दूसरों के सामने आते हैं।

उत्तरदायी बनें : अपने कार्यक्षेत्र अथवा संस्थान में अपनी विशिष्टता को पाने के लिए सौंपे गए काम को बड़े उत्साह और जिम्मेदारी के साथ पूरा करें। उत्तरदायित्व का निर्वाह करने की सोच एक ऐसी कसौटी है, जो आपको अधिकारी के दिल में स्थान दिलाएगी। उत्तरदायित्वों का निर्वाह जहां आपको प्रगति की नई राह दे सकता है, वहीं आप बच्चों और बड़ों के आदर्श बने रहेंगे। जिन परिवारों में अभिभावक अपने पारिवारिक दायित्वों का निर्वाह नहीं करते, उन परिवारों में बच्चों में दायित्व बोध के संस्कार नहीं डाले जा सकते। दायित्वों के प्रति उदासीनता हमेशा व्यक्ति को निराशाजन्य सोच ही प्रदान करती है। व्यक्ति लक्ष्यहीन होकर भटकता रहता है। उसमें काम करने की ललक और इच्छा-शक्ति का अभाव रहता है। कार्य के प्रति उत्साह और उमंग मर जाती है।

सामाजिक जीवन में भी आपने देखा होगा कि सभी उच्च पदों पर वे ही व्यक्ति सफल होते हैं, जो अपने दायित्वों का निर्वाह अच्छी तरह से करते हैं। दायित्वों के प्रति उदासीन व्यक्ति हमेशा हीनताओं से ग्रसित रहता है और उसे कई प्रकार की मानसिक प्रताड़नाएं मिलती रहती हैं।

उत्तरदायित्वों का निर्वाह करने वाला व्यक्ति समाज और संस्थाओं में सबकी प्रतिष्ठा का पात्र बनता है। इसी एक भावना के कारण उसे अपने साथियों का भी विश्वास प्राप्त होता है। इस विश्वास के कारण ही अधिकारी भी उस पर भरोसा करते हैं। आप अपने दायित्वों का निर्वाह जितनी गंभीरता से करेंगे, आपकी प्रतिष्ठा उसी गति से बढ़ेगी। इसलिए इस गुरुमंत्र को हृदय से स्वीकारें कि उत्तरदायित्वों का निर्वाह करने वाला व्यक्ति ही समाज में प्रतिष्ठित होता है।

दूसरों की समस्या को गंभीरता से सुनें : डूबते को तिनके का सहारा ही काफी होता है। दुखी, निराश, उदास और हताश व्यक्ति को इसी तिनके की तलाश रहती है। आप ऐसे व्यक्तियों के दिल का दर्द, समस्याएं, उलझनें, विवाद सुनें। लोग आपके सामने अपना दुखड़ा इसलिए रोते हैं कि आप पर उन्हें विश्वास है,

वे आपके पास इस आशा के साथ आते हैं कि आप उनकी कुछ सहायता अवश्य करेंगे। उनके जख्मों पर स्नेह का मरहम लगाएंगे। आशा लेकर आए ऐसे व्यक्तियों की समस्याएं, बातें, विवाद ध्यान से गंभीरता पूर्वक सुनें। यथासंभव उन्हें निराशाओं के इस अंधेरे से निकालें। दुखी और त्रस्त व्यक्ति के साथ सहानुभूति पूर्वक बात करें। उसके मन में इस विश्वास को पैदा करें कि आपको उसके साथ पूरी-पूरी हमदर्दी है। आप उसके दर्द को समझ रहे हैं। वास्तव में आपकी आत्मीयता, स्नेह, सम्मान ही उसकी समस्या का समाधान है। उसकी समस्या सुनकर आप उसे उचित समाधान बताकर उसे हलका करें, जिससे उसे लगे कि उसका आपके पास आना सार्थक रहा। भले ही आप उसे कुछ न दें, लेकिन उसे लगे कि उसके दुख में आप भी सहभागी हैं। कहते भी हैं कि भले ही आप किसी को गुड़ न दें, लेकिन गुड़ जैसी बात तो करें। दूसरों की दुखती नस पर स्नेह का मरहम लगाकर आप उसका दर्द तो कम कर ही सकते हैं। बस कुछ इस प्रकार की शालीनता-भरी सोच ही आपकी विशिष्ट पहचान बनाएगी और आप दूसरों से जुड़ सकेंगे।

भाषण देना भी जानें : अपने विचार और भाव से लोगों को प्रभावित करके ही आप उनके दिल में स्थान बना सकते हैं, अपनी बात मनवा सकते हैं। स्पष्ट है कि जब तक आप किसी से कुछ कहेंगे नहीं, तब तक लोग आपसे प्रभावित कैसे होंगे ? लोगों के बीच अपना दृष्टिकोण रखने के लिए, अपनी बात को उनके गले उतारने के लिए, जब भी अवसर मिले अपनी बात अवश्य कहें। बस, केवल इतना ध्यान रखें कि अपनी बात अवसर के अनुकूल, प्रसंग के क्रम में अथवा लोगों की मानसिकता के अनुकूल ही करें। कम-से-कम शब्दों में अपनी बात कहें, आपकी बात इतनी सारगर्भित हो कि सुनने वाला आपका मुंह देखता रह जाए। आपके मुंह से कुछ और अधिक सुनने के लिए आतुर हो।

आत्मान्वेषी बनें : कबीर का एक दोहा है—

बुरा जो देखन मैं चला, बुरा न मिलया कोय।
जो दिल खोजा आपना, मुझसे बुरा न कोय ॥

आत्मावलोकन का इससे अच्छा उदाहरण शायद ही कहीं मिले। बस, आप भी कबीर के इस गुरुमंत्र को स्वीकारें। अपनी कमियों, दोषों, आदतों, व्यवहारों का मूल्यांकन करें और खुले मन से अपनी इन कमियों को स्वीकारें। बुरी आदतों को एक-एक कर छोड़ने का संकल्प कर लिया, तो दुनिया की कोई भी ताकत आपको आपके संकल्प से विचलित नहीं कर सकती। अपनी बुरी आदतों को छोड़कर दूसरों के लिए प्रेरणा बनने का अवसर हाथ से कभी न निकलने दें।

आपको अपनी इन बुरी आदतों के कारण जो उपेक्षा मिलती है, इन्हें छोड़कर उस प्रतिष्ठा को पुनः प्राप्त करें। आपकी पहचान स्वतः ही बन जाएगी।

आशावादी बनें : निराशा व्यक्ति की सबसे बड़ी शत्रु है। निराशा व्यक्ति की सोच को पंगु बनाती है। जो स्वयं ही पंगु हो, वह दूसरों के लिए क्या करेगा ? कोई व्यक्ति बड़े-बड़े काम तभी कर सकता है, जब उसमें कुछ नया कर दिखाने की ललक, इच्छा होगी, उमंग और उत्साह होगा। आशावादी सोच व्यक्ति को निरंतर आगे बढ़ने के लिए प्रेरित करती है। उसकी सफलता के मार्ग में आने वाली बाधाएं या तो वह स्वयं दूर कर लेता है या फिर उसके प्रयासों के सामने ये बाधाएं स्वयं ही घुटने टेकने लगती हैं।

"एक बार प्रयास करके तो देखो...।" जैसी प्रेरणा का आह्वान व्यक्ति को न केवल संकल्पित करता है, बल्कि उसे मनोयोग से प्रयास के लिए प्रेरित भी करता है।

"हम सब आपकी निष्पक्ष सोच से प्रभावित होकर आपके पास न्याय के लिए आए हैं...।" जैसी बात कह कर आप न केवल दूसरों को न्याय के लिए प्रेरित करते हैं, बल्कि अपनी बात को भी वजनदार बनाते हैं। नेतृत्व की ऐसी शक्ति और वाणी में ऐसा ओज लाएं कि दूसरे आपसे प्रभावित हुए बिना न रह सकें।

वाणी का प्रभाव : वाणी हमारे व्यक्तित्व की पहचान कराती है। वाणी के संबंध में कहा जाता कि आप जितना कम बोलेंगे, आपकी बात उतनी ही अधिक सुनी जाएगी। अनियंत्रित वाणी व्यक्ति के पतन और अपयश का कारण बनती है, इसलिए चुप रहने का कोई अवसर हाथ से न जाने दें। अपनी आलोचना सुनकर क्रोधित होना, चार की आठ सुनाना, व्यंग्य अथवा ताने देना, उलाहने देना, मजाक उड़ाना, अपनी प्रशंसा करना, बात-बात में अपनी संपन्नता, प्रगतिशीलता अथवा भाग्यहीनता की दुहाई देना आदि ऐसे व्यवहार हैं, जो वाणी के माध्यम से आप करते हैं। आपके इस प्रकार के व्यवहार दूसरों पर अच्छा प्रभाव नहीं डालते, न ही इन्हें सुनने में लोगों की रुचि होती है। इसलिए आप अपने संपर्क क्षेत्र में अपनी बात को इतना संयत, संतुलित, मधुर रूप में व्यक्त करें कि वाणी के कारण आपको लोगों की उपेक्षा न सहनी पड़े।

अपनी बातचीत, विचारों और सलाह को कीमती समझें, इन्हें निरर्थक व्यक्त कर अर्थहीन न बनाएं। अधिक बोलने वाले को लोग 'गप्पी', 'बातूनी', 'शेख चिल्ली' आदि नामों से पुकारते हैं। यहां तक कि कभी-कभी तो ऐसे लोगों को यह भी सुनना पड़ता है–"अच्छा भाई शर्मा जी, अब आप यह बताएं कि चुप होने का क्या लोगे... ?"

हर बात में अपनी टांग अड़ाना आधी रोटी पर दाल लेने जैसी सोच होती है और इसे कोई पसंद नहीं करता। अपनी ओर से ऐसी सलाह देकर मूर्ख न कहलाएं। इस विषय में गंभीर रहें और तब तक किसी को कोई सलाह न दें, जब तक आपसे मांगी न जाए।

बातचीत के क्रम में दूसरों के प्रति संबोधनों में पर्याप्त आत्मीयता प्रकट करें। सम्मानजनक संबोधन दें। 'अंकल', 'आंटी जी', 'भाई साहब', 'वीर जी', 'सर', 'दीदी', 'बहन जी', 'मां जी', 'मम्मी' जैसे संबोधन आपको दूसरों से जोड़ते हैं। कम बोलकर आप सदैव दूसरों से प्रतिष्ठा ही पाएंगे, जबकि अनावश्यक बातचीत आपको कहीं भी नीचा दिखा सकती है। आप जितना अच्छा बनना चाहते हैं, अपनी सोच उतनी ही अच्छी बनाएं। कार्य के प्रति निष्ठावान, परिवार के सदस्यों से स्नेह और मन-वचन और धर्म-कर्म से विश्वासी बनें। इस सत्य को जानें कि मनुष्य जन्म से नहीं कर्म से महान् बनता है। गांधी जी के विचार और कबीर की वाणी आज भी हमारी प्रेरणा के स्रोत इसलिए हैं कि वे हमारी मनोवृत्तियों को प्रभावित करते हैं।

तन से नहीं, मन से सुंदर बनें : तन की सुंदरता, रंग, रूप सब ईश्वरीय देन हैं। इस विषय में मन में कभी हीनता न लाएं। तन की सुंदरता केवल कुछ समय तक सुरक्षित रखी जा सकती है। सजना-संवरना, बनाव-शृंगार, पहनावा आपको एक सीमा तक ही सुंदर बना सकते हैं। वे लोगों पर हमेशा-हमेशा के लिए प्रभाव नहीं डाल सकते, लेकिन मन की सुंदरता स्थाई होती है और लोग इससे हमेशा प्रभावित होते हैं। शिष्टता, शालीनता, भद्रता आदि का स्थाई प्रभाव पड़ता है, इसलिए परिचय क्षेत्र के लोगों की भावनाओं का सम्मान करते हुए उनसे मिलें, उनसे जुड़ें, उनके आदर्शों और अपेक्षाओं के अनुकूल व्यवहार करें।

परिचय क्षेत्र के लोगों के बारे में अपनी मौलिक सोच बनाएं, इन व्यक्तियों के प्रति किसी प्रकार से पूर्वाग्रहों से ग्रसित न हों। पूर्वाग्रही सोच हमें मानसिक रूप से संकीर्ण बनाती है। जिस प्रकार से सावन के अंधे को हरा ही हरा दिखाई देता है, उसी प्रकार से पूर्वाग्रही सोच हमें घमंडी, दम्भी, अविश्वासी और कुएं का मेढक बनाती है।

रूढ़िवादिता से ऊपर उठकर सोचें, नए विचारों को स्वीकारें। संसार में बहुत कुछ ऐसा है, जो बहुत अच्छा है, नूतन है, अनुकरणीय है, अद्भुत है। इन सबको जानने, समझने, परखने का कोई भी अवसर हाथ से न जाने दें।

परिचय क्षेत्र में बैठकर अपनों के व्यवहारों को कोसना, अपनी हीनताओं का रोना उचित नहीं। ''मेरे मां-बाप ने मुझे दिया ही क्या था, शादी होते ही घर से निकाल दिया...।'', ''हमारे मां-बाप ने हमारे लिए छोड़ा ही क्या है...।'', ''तुम्हें तुम्हारे मां-बाप ने दहेज में क्या दिया...सब के सब बेईमान हैं...।'' जैसी बातें कहकर आप अपनी सोच पर तो प्रश्न-चिह्न लगाते ही हैं, साथ ही आप अपनी ही असफलताओं को स्वीकार कर अपनों के बीच अपना ही कद बौना करते हैं।

लोग आपकी इस सोच पर आपको स्वार्थी, निकम्मा, काहिल, मतलबी कहेंगे और आप जगहंसाई के पात्र बनेंगे। बिना प्रमाण के दूसरों पर दोषारोपण करने से आपकी प्रतिष्ठा कम होगी।

आकर्षक व्यक्तित्व : संपर्क क्षेत्र के लोगों से अपना व्यवहार स्नेहिल, मधुर और आत्मीय बनाएं। मुस्कराकर अभिवादन कर कुशलता पूछना जहां सामान्य शिष्टाचार का व्यवहार है, वहीं दूसरों से जुड़ने की पहल भी है। इससे आपका अहं भाव शमित होगा और आपको दूसरों के गुण भी दिखाई देने लगेंगे। दूसरों में गुणों को देखना, उनकी प्रशंसा करना, अवसर के अनुकूल इन गुणों की चर्चा करना, आपकी छवि निखारता है। आपके इस आचरण से लोग आपसे जुड़े हैं। इस प्रकार का व्यवहार करते समय आत्मप्रशंसा से बचें। दूसरों की दिल खोलकर प्रशंसा करने से आप स्वयं को तनावमुक्त और हलका अनुभव करेंगे और प्रसन्न तथा संतुष्ट दिखाई देंगे।

ध्यान रखें कि तनाव रहित मुस्कराता चेहरा आपको दूसरों से जोड़ता है। परिचय क्षेत्र में लोग आपकी ओर आकर्षित होते हैं और आप सबकी नजरों में आते हैं। अपने अंदर छिपी हुई प्रतिभा को प्रकट होने का अवसर दें। प्रतिभा उभरने, निखरने का कोई भी अवसर हाथ से न निकलने दें। वह चाहे किसी कार्यक्रम का संचालन करना ही क्यों न हो।

'ना' कहना भी जानें : अन्याय सहना, अन्याय करने के बराबर होता है। इसलिए सामाजिक, पारिवारिक और कामकाजी जीवन में अनुचित का विरोध करना भी जानें। विरोध करना, असहमति प्रकट करना, न कहना, आपकी वैचारिक दृढ़ता का परिचायक है। आज पारिवारिक और सामाजिक जीवन में अव्यवस्था और अनुशासनहीनता का सबसे बड़ा कारण यह है कि हम ''वह बुरा मान जाएगा'', ''उसे अच्छा नहीं लगेगा'', ''हमारी बला से, हमें क्या लेना-देना'', ''मैं पंगा मोल लेना नहीं चाहती'' जैसी बातें कहकर या सोचकर दूसरों के अनुचित व्यवहार को भी सहते रहते हैं। जानकर भी अनजान बने रहते हैं। देखकर भी चुप रहते हैं।

अनुचित का विरोध नहीं करते। यहां तक कि कभी-कभी तो इच्छा न होते हुए भी हम "ना" नहीं कर पाते। इस प्रकार की सोच का परिणाम यह हो रहा है कि लोग सरेआम गुंडागर्दी करते हैं और हम मूकदर्शक बने, आंखें, कान और मुंह बंद कर लेते हैं, जैसे कि हमारी विरोध करने की शक्ति ही खत्म हो गई हो।

अपने स्तर पर विनम्रता पूर्वक "ना" कहना तो जानें। जब आप दूसरों के छोटे-छोटे उपकारों के लिए भी उन्हें धन्यवाद देना नहीं भूलते, उनके प्रति कृतज्ञता का भाव प्रदर्शित करते हैं, तो अनुचित इच्छा अथवा व्यवहार के लिए "ना" कहना भी जानें। केवल दूसरों की संतुष्टि के लिए अनुचित व्यवहारों को सहन करना आपकी प्रतिष्ठा कम करेगा। यह आपकी प्रतिष्ठा को कभी भी दांव पर लगा सकता है। इस विषय में आज भी व्यावहारिक आदर्श यही है कि इतना मीठा न बनें कि कोई निगल जाए और इतने कड़वे न बनें कि कोई थूक दे।

व्यावहारिक जीवन में कुछ इस प्रकार की सोच, चिंतन और व्यवहार न केवल आपको सामाजिक और पारिवारिक जीवन में विशिष्ट स्थान दिलाएंगे, बल्कि आपकी जो पहचान बनेगी, वह स्थाई होगी और प्रसिद्धि का कारण बनेगी। अतः सदैव ध्यान रखें कि–

- व्यावहारिक जीवन में दूसरों को आपसे बात करते समय यह लगे कि आपको उनमें अटूट विश्वास है, आप उनके परम् शुभचिंतक, मित्र और हितैषी हैं। इस प्रकार का व्यक्त किया हुआ विश्वास दूसरों को आपसे जुड़ने के लिए प्रेरित, प्रोत्साहित करेगा।

- मित्रों, सहकर्मियों अथवा अधिकारियों के साथ बैठकर बड़ी-बड़ी डींगें हांककर अपनी प्रतिष्ठा कम न करें।

- दूसरों के साथ किए गए उपकारों को अपनी डायरी में लिखकर हिसाब-किताब न करें। इस विषय में आप हमेशा घाटे में ही रहें, तो आपके खाते में लाभ बढ़ेगा।

- बहस अथवा तर्क कर दूसरों पर अपने निर्णय न लादें।

- सबको खुश रखने की चिंता न पालें। दुराग्रही सोच वाले व्यक्तियों को रास्ते पर लाने की कोशिश न करें। ऐसे व्यक्तियों के साथ समय और श्रम नष्ट न करें, जो अपने को दूसरों से अधिक बुद्धिमान समझते हैं।

- अपनी पहचान बनाने के लिए किसी सामाजिक संस्था से अवश्य जुड़ें। इस संस्था के माध्यम से अपनी प्रतिभा, क्षमता और योग्यता का लाभ समाज को दें। सामाजिक संस्थाओं से इस प्रकार का जुड़ाव आपको मान-सम्मान

और प्रतिष्ठा दिलाता है। आपको कई प्रकार के नए अनुभव मिलते हैं। सामाजिक समस्याओं को हल करने के अवसर मिलते हैं। सुझाव सुनने को मिलते हैं, उन पर मंथन करने के अवसर मिलते हैं।

- आपकी सोच में सकारात्मक दृष्टिकोण विकसित होता है और लोग आपकी विलक्षण सोच का लोहा मानते हैं।

- संस्थान अथवा सामाजिक जीवन से संबंधित समस्याओं के तर्कसंगत समाधान अथवा लिए हुए निर्णयों में अनिश्चय की किसी स्थिति में यदि आपको वरिष्ठ अधिकारियों, निकट के कुटुंबियों का विरोध सहना पड़ रहा हो अथवा आपको अपने मत-विचार पर किसी अपने के समर्थन की आवश्यकता हो अथवा अन्य कोई अपने से संबंधित गंभीर निर्णय लेना हो तो ऐसे विषय पर पत्नी अथवा अन्य किसी मित्र-शुभचिंतक से चर्चा अवश्य करें। इस प्रकार की सलाह, विचार-विमर्श अथवा वैचारिक समर्थन आपको मजबूत बनाएंगे और आप अपने कार्यक्षेत्र में लिए हुए निर्णयों को पूरी दृढ़ इच्छा-शक्ति, मनोयोग से पूरा कर अथवा करा सकेंगे।

- सामाजिक जीवन में जब हम यह मानते हैं कि हर सफल व्यक्ति के जीवन में उसकी सफलताओं के पीछे किसी न किसी स्त्री का हाथ होता है तो आप भी इस स्त्री के हाथ की उपेक्षा न करें और उस 'हाथ' को अपनी सफलता के लिए अवश्य पकड़ें। अच्छा हो अगर यह हाथ पत्नी का ही हो।

स्वतंत्रता के बाद देश के एकीकरण की समस्या को सरदार पटेल ने जिस सूझ-बूझ से हल किया, उसे देखकर न केवल अंग्रेजी शासक आश्चर्यचकित रह गए, बल्कि देश के राजनीतिज्ञों ने भी उन्हें 'लौहपुरुष' का सम्मान दिया।

आशय यह है कि आप भी सामाजिक संस्थाओं से जुड़कर लोगों की समस्याओं को धैर्य पूर्वक सुनें, उन पर विचार करें। होने वाले सामाजिक प्रभावों का मूल्यांकन करें। दूरदर्शी सोच अपनाएं और फिर निर्णय लें। इस प्रकार के निर्णय और समस्याओं के समाधान की सिद्धि ही आपको प्रसिद्धि दिलाएगी। इससे समाज में आपकी अपनी अलग पहचान बन जाएगी।

❑❑❑

समझौतावादी सोच पालें

- सामाजिक और पारिवारिक जीवन में समझौते को सदैव महत्त्व दें।
- मतभेद और विविधता जीवन के आकर्षण हैं, इस आकर्षण को हमेशा बनाए रखें।
- तुष्टीकरण के लिए कोई समझौता न करें।

आप अधिकारी हों या कर्मचारी, पति-पत्नी हों या पिता-पुत्र, ग्रामीण हों या शहरी, मालिक हों या नौकर, छोटे हों या बड़े, समाज में वैचारिक भिन्नता, परस्पर विवाद अथवा एक-दूसरे का विरोधी या प्रतिद्वंद्वी होना सामान्य बात है। दैनिक जीवन में ये व्यवहार, भिन्नताएं अथवा परस्पर विरोधी सोच कभी-कभी इतना उग्र रूप धारण कर लेती हैं कि हम अपने विरोधियों, प्रतिद्वंद्वियों को फूटी आंख देखना पसंद नहीं करते। ईर्ष्या भाव के कारण विरोधियों के अनिष्ट की बातें सोचने लगते हैं। उनकी असफलताओं अथवा अनिष्ट के समाचार सुनकर प्रसन्न होते हैं। इसी में हमारे अहं की संतुष्टि होती है।

आज हम दुखी अपने अभावों के कारण नहीं, अपनी असफलताओं पर नहीं, बल्कि इसलिए हैं कि हमारे प्रतिद्वंद्वी सुखी, संपन्न और प्रसन्न क्यों हैं ? अपने से भिन्न विचारों के लोगों को हम अपना समझते ही नहीं। प्रगतिशील, शिक्षित और सभ्य कहलाने के बाद भी इस विषय में मनुष्य की मानसिकता में कोई विशेष परिवर्तन नहीं हुआ है। अपवाद हो सकते हैं और हैं, लेकिन जन सामान्य की मानसिक सोच आज भी कुछ इसी प्रकार की है कि विरोधियों की दीवार गिर पड़े, भले ही उससे हमारा कंधा जख्मी हो जाए।

वैचारिक भिन्नता अथवा दुराग्रही सोच अथवा अन्य कारणों से विरोधियों के बारे में हमारी सोच चाहे जो भी हो, हम दूसरों के अनिष्ट की चाहे कितनी ही इच्छा

करें, धारणाएं बनाएं, मन में विचार लाएं, लेकिन विरोधियों का कुछ नहीं बिगड़ता। हां, इससे हम स्वयं मानसिक विकृति के शिकार अवश्य हो सकते हैं। इससे हम अपना ही नुकसान अधिक करते हैं।

ऐसी रुग्ण सोच वाले व्यक्तियों के बारे में ही कबीर ने कहा है–

जो तोको कांटा बोए, ताहि बोए तू फूल।
तोको फूल के फूल हैं, वाको हैं त्रिशूल ॥

मानवतावादी उच्चादर्शों की ऐसी सोच न केवल व्यक्ति को तनाव रहित बनाती है, बल्कि उसे सामाजिक और पारिवारिक जीवन में समझौतावादी बनने के लिए प्रेरित करती है। इस प्रकार की सोच अपनाकर ही आप अपनी अनेक समस्याओं को अपने स्तर पर हल कर सकते हैं।

संसार के नीतिवान विद्वानों का मत है कि हर विवाद का अंत समझौता होता है। विवाद चाहे आर्थिक हो या धार्मिक, सामाजिक हो या व्यक्तिगत, हर बुद्धिमान व्यक्ति इसका समाधान चाहता है। समझौता कर जहां दोनों पक्ष संतुष्ट होते हैं, वहीं इस सोच के कारण उनके संबंधों में सरसता, निकटता और भावनात्मक जुड़ाव पैदा होने लगते हैं। समझौता करके दोनों पक्षों को कुछ-न-कुछ मिलता ही है, यही संतोष का आधार होता है। वास्तव में समझौतावादी सोच ही दूरदर्शिता है, इसलिए समझौता करने में मन में किसी प्रकार की हीनता नहीं लानी चाहिए। ध्यान रखें, विवाद जितने लंबे होते हैं, संबंधों में कटुता उतनी ही अधिक होती है।

मतभेदों पर प्रगतिशील सोच : आपके विचार, व्यवहार, इच्छाएं, अपेक्षाएं अलग-अलग हो सकते हैं। भ्रामक सोच के कारण मतभेद हो सकते हैं। इस प्रकार की सोच के कारण मन में हीनता लाना, मन-ही-मन अपने-आप को पराजित, अपमानित अथवा उपेक्षित अनुभव करना प्रगतिशील सोच नहीं। मतभेदों के कारण अपने सामाजिक संबंधों को तोड़ने तक की स्थिति में ले जाना मूर्खता है। अतः परिचय क्षेत्र में जिन व्यक्तियों से आपकी पटरी मेल नहीं खाती, वैचारिक मतभेदों के कारण जो आपके मित्र नहीं हैं अथवा जिनसे आपकी दूर की ही 'राम-राम' है, उनसे दो टूक बात कर संबंध तोड़ लेने से तो अच्छा है कि आप उनसे अपने संबंध एक ऐसी सीमा तक ही रखें, जहां कभी आवश्यकता पड़े, तो आप अपने संबंध को समाप्त या पुनः स्थापित कर सकें। ऐसे व्यक्तियों को सोचने का एक अवसर अवश्य दें। यदि कभी उन्हें अपनी गलती का अहसास होता है, अथवा जीवन में कभी वे आपके विचारों से प्रभावित होकर आपके साथ जुड़ना चाहते हैं, तो उनकी इस पहल को स्वीकारें। इस प्रकार की भावना और विचार ही

समझौतावादी सोच है। इस प्रकार की सोच जहां आपको हीनताओं से मुक्त करेगी, वहीं जीवन की राहों में भटके हुए लोग भी एक बार पुनः आपसे जुड़ सकेंगे, आप उनसे जुड़ सकेंगे। इसलिए अपने सामाजिक और पारिवारिक क्षेत्र में विवादों को उस सीमा तक न तोड़ें, जो जुड़ न सकें।

विवादों को स्थाई न बनाएं : विवाद चाहे पारिवारिक हों अथवा सहकर्मियों के बीच, अधिकारी-कर्मचारी के बीच हों अथवा जमीन-जायदाद के, इन्हें लंबा न खींचें। बहुत संभव है कि आपकी किसी एक बात पर दूसरा पक्ष सहमत न हो, वह आपकी बात न स्वीकारे, तो दूसरों की सहायता लेकर अपने विवादों को सम्मानजनक ढंग से सुलझाएं। यदि आप समझते हैं कि दूसरे आपकी बात को अच्छी तरह से समझा सकते हैं, तो उनकी इस श्रेष्ठता का अपने स्तर पर अवश्य लाभ उठाएं। उनकी बात को स्वीकारने, मानने में जरा भी संकोच न करें, बल्कि अपने स्तर पर ऐसे व्यक्तियों के कार्यों और व्यवहारों की प्रशंसा करें। उनका समर्थन कर उन्हें प्रतिष्ठा दें। यही समझौतावादी सोच है। यह सोच आपको अनावश्यक रूप से कभी तनावग्रस्त नहीं होने देगी।

संस्थानों में होने वाली मीटिंगों, सेमीनारों, गोष्ठियों, कार्यशालाओं में हमेशा दूसरों के विचारों को सुनें। इन विचारों में आपको कुछ-न-कुछ नई बात अवश्य मिलेगी। इसी प्रकार से पति-पत्नी, परिवार के अन्य सदस्यों से भी संवाद स्थापित करें, उनके विचार जानें। निष्कर्ष रूप में आप अपने विचार, निर्णय, इच्छाएं किसी पर न थोपें, बल्कि दूसरों को कहने के अवसर दें।

इस विषय में आपका बड़प्पन, समझदारी, बुद्धिमत्ता इसमें है कि आप अपने निर्णयों पर कितनी गंभीरता से सोचते हैं और नई परिस्थितियों के परिप्रेक्ष्य में दूसरों से किस प्रकार समझौता करते हैं।

यदि आपको अपनी गलती पर पश्चात्ताप होता है, तो अपनी गलती स्वीकारने में जरा भी संकोच न करें और तुरंत ऐसे व्यक्तियों से क्षमा-याचना कर अपने बड़प्पन अथवा खुली सोच का परिचय दें। इस विषय में ध्यान रखें कि दूसरों के प्रति प्रतिशोधी भावनाएं रखकर आप उनसे सम्मान प्राप्त नहीं कर सकते।

समझौता एकमात्र विकल्प : इस सत्य को स्वीकारें कि प्रतिशोध, हिंसा, क्रोध, मन में आया हुआ क्षोभ, ईंट का जवाब पत्थर से देने की सोच, एक की चार सुनाने का व्यवहार किसी समस्या का समाधान नहीं। इस प्रकार की सोच से समस्या के सम्मानजनक समाधान नहीं निकलते। ध्यान रखें, समझौता करने में जितनी देर होगी, तनावों की त्रासदी उतने ही दिनों अधिक झेलनी पड़ेगी।

हो सकता है कि इस समझौते की मध्यस्थता के कारण आपके संबंधों में पहले जैसी मधुरता आ जाए।

वैचारिक मतभेद चाहे किसी भी स्तर पर क्यों न हों, उसके व्यावहारिक पक्ष पर भी विचार करें। जिस शत्रु से आप जीत नहीं सकते, उससे समझौता कर मैत्री संबंध बना लेना ही नीति है। कामकाजी क्षेत्र हो अथवा सामाजिक जीवन, अपनी गलती स्वीकारने अथवा समझौता करने में अपने-आप को पराजित अथवा उपेक्षित अनुभव न करें।

विजयी होने का अहसास पालें : अपने सहकर्मियों, अधिकारियों अथवा अधीनस्थ कर्मचारियों से मधुर संबंध बनाने के लिए उनकी मानसिकता को समझें। संपर्क में आने वाले लोगों की भावनाओं का सम्मान करना जानें। दूसरों को अपने से छोटा, गंवार, हीन, अनपढ़ और नौकर समझना, अपनी संपन्नता पर इतराना, अपने अधिकारों के प्रभाव में आकर मनमानी करना उचित नहीं। यदि आप अधिकार संपन्न हैं, तो हमेशा दूसरों को ही महत्त्व दें। इससे आप दूसरों का दिल जीत सकेंगे, दूसरों से प्रतिष्ठा पा सकेंगे।

"मुझे तुमने समझ क्या रखा है, अगर चाहूं तो दो मिनट में तुम्हें सड़क पर लाकर खड़ा कर सकता हूं, मेरा नाम नहीं सुना तुमने...मुझे सोमू दादा कहते हैं...", जैसी बातें कहकर आप न तो दूसरों का दिल जीत सकते हैं और न ही उनके मन में सम्मानजनक समझौते की भावना जागृत कर सकते हैं। अतः ऐसे लोगों से दूर ही रहें। वास्तव में समझौतावादी सोच आपके मन में तभी पैदा होगी, जब आप यह समझेंगे कि दूसरा आपका शुभचिंतक है अथवा आपके मन में दूसरों के प्रति समर्पित भावनाएं जागृत होंगी। इस प्रकार की सोच अपनाकर आप दूसरों को विजयी होने का अहसास दिलाएं।

व्यावसायिक सफलता का आधार भी यही समझौतावादी सोच है। व्यापारिक क्षेत्र में हमेशा गंभीर और समझौतावादी प्रकृति वाला व्यक्ति ही अधिक सफल होता है। जब हम जानते हैं कि प्रतिशोधी भावनाएं जारी रखकर कोई सफलता प्राप्त नहीं हो सकती, तो फिर अपनी सोच को समझौतावादी ही क्यों न बनाएं। सम्मानजनक समझौता करने में कभी किसी का अपमान नहीं होता, बल्कि लोग ऐसे लोगों की प्रशंसा करते हैं, जो इस प्रकार की मानसिक उदारता प्रकट करने में पहल करते हैं। सम्मानजनक समझौता दूरियां कम करता है।

पारिवारिक और सामाजिक जीवन में असम्मानजनक समझौते करने की प्रवृत्ति बढ़ती जा रही है। ग्लैमर और सिनेमाई संस्कृति की चमक-दमक से प्रभावित होकर

तथाकथित प्रगतिशील सोच वाली महिलाएं और पुरुष जानकर भी अनजान बनकर कुछ असम्मानजनक समझौते कर लेते हैं, इन समझौतों से जहां उनका वर्तमान दांव पर लग जाता है, वहीं उन्हें भविष्य में भी सिवाय रुसवाई और हीनता के कुछ नहीं मिलता। असम्मानजनक समझौतों की यह सोच उन्हें जीवन भर पश्चात्ताप, आत्मग्लानि, हीनता और उपेक्षा के सिवाय कुछ नहीं देती। ऐसे महिला-पुरुष भले ही कुछ दिनों के लिए 'आराम' की जिंदगी जी लें, लेकिन उन्हें अपना पूरा जीवन बोझ समझकर ही जीना पड़ता है।

जिस प्रकार से कोई एक गलत निर्णय अथवा असम्मानजनक समझौता जीवन भर रुलाता है, उसी प्रकार से जान-बूझकर की गई ऐसी गलतियां अथवा अवैध संबंध आपको घुटन-भरी जिंदगी के सिवाय और कुछ नहीं देंगे। पुरुष-प्रधान सामाजिक व्यवस्था में महिलाओं की स्थिति वैसे भी कमजोर ही बनी रहती है, उन्हें अपनी इस रुग्ण सोच के कारण अथवा असम्मानजनक समझौतों के कारण कई बार आत्महीनताओं को सहना पड़ता है, इसलिए महिलाएं कभी भी कोई असम्मानजनक समझौता किसी भी स्थिति में न करें। जान-बूझकर किए गए ऐसे असम्मानजनक समझौतों के कारण आपके पल्ले सिवाय हीनता के और कुछ नहीं पड़ेगा।

समझौता खूब सोच-विचारकर करें : जीवन में समझौतावादी होना अच्छा है, लेकिन इस प्रकार की सोच की सफलता इस बात पर निर्भर करती है कि आप किससे समझौता कर रहे हैं। समझौतावादी यह सोच उन लोगों के साथ ही अपनाएं, जो दूसरों की कमजोरियों, दोषों अथवा अभावों का लाभ उठाने की न सोचते हों। एक तरफा समझौतावादी व्यवहार तो आपके साथ 'ब्लैक मेल' करने जैसा व्यवहार हो सकता है।

अपनी आर्थिक और सामाजिक सीमाएं जानें। अपने से बड़ी उम्र के लोगों के साथ मेल-जोल बढ़ाना, उनकी सहानुभूति प्राप्त करना, उनकी सहायता अथवा समर्थन लेना, परिचित क्षेत्र के लोगों से बड़ी-बड़ी अपेक्षाएं करना, उनसे उपहार लेना अथवा उनकी अनुचित इच्छाओं को सम्मान देना आपके संकट का कारण बन सकते हैं। इसलिए इन खतरों के प्रति पहले से ही सावधानी बरतें।

समझौतावादी सोच और व्यवहार लोकतांत्रिक व्यवस्था का मूल है। अतः इसे एक आदर्श व्यवहार के रूप में स्वीकारें, क्योंकि आप जब भी समझौता करते अथवा करती हैं, तो कुछ लेकर कुछ देना पड़ता है। इस प्रकार की सोच न केवल हमारी सामाजिक व्यवस्था को अनुशासित करती है, बल्कि हमारे सामाजिक दृष्टिकोण

को भी विकसित करती है। हमें एक-दूसरे के निकट लाती है। परस्पर विश्वास बढ़ाती है। सम्मानजनक समझौते कर हम प्रसन्न और संतुष्ट होते हैं। संतुष्टि का यह अहसास हमें हमेशा एक और नई सफलता के लिए प्रेरित करेगा। यह समझौतावादी सोच अपना कर देखें, आपके हिस्से सफलताएं ही अधिक आएंगी।

❑❑❑

मानसिक सोच को व्यापक बनाएं

- वक्त के साथ अपने सोचने-समझने का ढंग बदलें।
- अपनी किसी असफलता के लिए दूसरों को न कोसें।
- अपेक्षाएं, इच्छाएं सीमित रखें।

यदि आप किसी से यह पूछें कि जीवन में सच्चा सुख क्या है, तो आपको जितने मुंह उतनी ही बातें सुनने को मिलेंगी, जैसे कि धन सभी सुखों का आधार है, संतोष ही परम् सुख है, पहला सुख निरोगी काया, भगवत भक्ति के समान और कोई दूसरा सुख इस संसार में है ही नहीं। मानसिक संतुष्टि को संसार का सबसे सच्चा सुख कहने वाले भी कम नहीं होंगे। वास्तव में सुख को किसी परिभाषा में नहीं बांधा जा सकता। सुख के बारे में इस प्रकार के विभिन्न विचार ही विभिन्न प्रकार के मानसिक सोच हैं। कोई व्यक्ति भौतिक सुखों को सुख का आधार मानता है, तो कोई भौतिक साधनों को दुख का कारण मानता है। वास्तव में व्यक्ति की स्वयं की सोच ही सुख और दुख को निर्धारित करती है।

अपने गुणों को उजागर करें : प्रगतिशील सोच, प्रचार के बढ़ते साधनों ने प्राचीन मान्यताओं को बदल दिया है। जीवन के हर क्षेत्र में व्यक्ति की सोच ही उसे दुखी-सुखी, सफल अथवा असफल बनाती है। किंतु जब तक आप अपने गुण, अपनी खूबियों को समाज के सामने नहीं लाएंगे, तब तक लोग आपको जानेंगे कैसे ? माना कि आप बड़े अच्छे गायक हैं, चित्रकार हैं, वाद्ययंत्रों को बजाने वाले हैं, विद्वान्, योग्य और प्रतिभाशाली हैं, यदि आप उसका प्रदर्शन नहीं करेंगे, तो आपकी इस प्रतिभा, इस योग्यता का समाज को कैसे लाभ मिलेगा ? आपने देखा होगा कि महानगरों में आर्ट गैलरियां बनी हुई हैं। बड़ी-बड़ी प्रदर्शनियां इनमें लगती हैं। कलाकारों, गायकों के 'शो' होते हैं। बड़े-बड़े होटलों, क्लबों में 'नाइट' का आयोजन होता है। दिल्ली में तो स्थाई रूप से प्रगति मैदान बना हुआ है, जहां

साल भर मेले, प्रदर्शनियों आदि का आयोजन होता रहता है। इन सबके पीछे केवल यही भावना है कि जब आप योग्य हैं, साधन-संपन्न हैं, तो फिर अपनी इस योग्यता, प्रतिभा के प्रति उदासीन क्यों हैं ? यदि आप अपनी प्रतिभा के प्रति उदासीन बने रहेंगे, तो आपको पर्याप्त सफलता नहीं मिल सकती। अतः इस विषय में अपनी सोच को नई दिशा प्रदान करें। अपनी मनोवृत्ति बदलें। अपने किए हुए कार्यों, सफलताओं, उपलब्धियों की अवसर के अनुकूल चर्चा करें। अपनी सोच को परिवार और समाज के हित में बदलें। दूसरों की भावनाओं को समझें। उस सच को खुले दिल से स्वीकारें, जो आपके सामने चुनौती बनकर खड़ा है।

जीवन के यथार्थ को समझें : मेरे पड़ोसी, जो कि आर्थिक दृष्टि से बड़े संपन्न हैं, अभी दो महीने पहले ही इकलौते लड़के की शादी कर सुखी होने के स्वप्न देख रहे थे। एक दिन दोपहर में ही अपना रोना लेकर मेरे पास आ गए। आते ही बिना किसी भूमिका के बच्चों की तरह बिलख-बिलख कर रो पड़े–"कपूर साहब, मैं आपको परेशान तो नहीं करना चाहता था, लेकिन अब आपको क्या बताऊं। आप अपने हैं, इसलिए आप मेरे दिल के दर्द को समझें। घर में पांच दिन से महाभारत छिड़ा हुआ है। न घर में कुछ बना है, न किसी ने कुछ खाया है। पत्नी कोप भवन में बैठी हुई है, बहू-बेटे को हमारी कोई चिंता नहीं। होटल जाते हैं, खा-पी आते हैं। कहते हैं कि अलग होकर ही रहेंगे। अब आप ही बताएं कि इकलौते बेटे को कैसे अलग कर दूं। बड़े धर्म-संकट में फंसा हुआ हूं। बुढ़ापे में बेटा इस तरह से मिट्टी पलीद करेगा, मैं नहीं जानता था। सास-बहू दोनों में एक पल के लिए भी नहीं बनती। दोनों आपस में छत्तीस का आंकड़ा बनी रहती हैं। सबसे बड़ी बात तो यह है कि बेटा भी बहू के पक्ष में बोलता है...।"

पड़ोसी मित्र की व्यथा किसी एक घर की कहानी नहीं, बल्कि हमारे सामाजिक जीवन में घर-घर की कहानी है। इस प्रकार की कहानियां कभी-कभी कितने खतरनाक मोड़ पर आकर दम तोड़ती हैं, यह किसी से छिपा हुआ नहीं है। इस प्रकार की कहानियों का एक ही समाधान है कि आप अपनी मानसिक सोच को व्यापक बनाएं। अपनी मानसिक सोच को जीवन के यथार्थ से जोड़ें। आप चाहे स्त्री हों अथवा पुरुष, पति हों अथवा पत्नी, सास हों अथवा बहू, इस बात पर विचार करें कि पत्नी के आ जाने के बाद लड़का आपको अधिक चाहेगा या पत्नी को...।

कंप्यूटर जैसा मस्तिष्क यदि इस सत्य को स्वीकारता है कि विवाह के बाद पति-पत्नी एक-दूसरे पर एकाधिकार चाहते हैं, तो इसमें अस्वाभाविक क्या है ? यदि पत्नी अपनी इस नई दुनिया को अपने सपनों के अनुरूप रंग देना चाहती है, तो इसमें अनुचित क्या है ? बेटा यदि अपनी स्वतंत्रता में आपको कहीं भी अवरोध समझता

है या फिर आप उसकी स्वतंत्रता में कहीं कोई अतिक्रमण करते हैं, तो वह परिवार के प्रति विद्रोही हो ही जाएगा, फिर भले ही आप उसके सामने अहसानों की कितनी भी दुहाई दें अथवा अपेक्षाओं का रोना रोएं।

आजकल परिवार का प्रत्येक सदस्य अपना जीवनयापन अपने तरीके से करना चाहता है। आपको चाहिए कि आप परिवार के प्रत्येक सदस्य की भावनाएं, विचार, इच्छाएं जानें और उनका सम्मान करें।

परिवार के किसी भी सदस्य पर अपनी इच्छाएं अथवा अनुशासन न थोपें। दूसरों में कमियां देखने के स्थान पर अपनी कमजोरियों को जानें और इन कमजोरियों को खुले मन से स्वीकारें।

दांपत्य जीवन की सरसता को बनाए रखने के लिए पत्नी की इच्छाएं जानें और उन्हें मान-प्रतिष्ठा दें। केवल धन कमाने के लिए रात-दिन कोल्हू के बैल की तरह लगे रहने वाले व्यक्ति जीवन का सच्चा सुख प्राप्त नहीं कर पाते। ऐसे व्यक्तियों की आंखें तब खुलती हैं, जब सच्चाई खुलकर सामने आती है। ऐसे व्यक्तियों को यथार्थ जीवन के कई कड़वे घूंट पीने पड़ते हैं और अंत में उन्हें यह स्वीकारना ही पड़ता है कि उनकी सोच में ही खोट था।

आशय यह है कि स्वतंत्रता और समानता के इस युग में पुरुष प्रधान सामाजिक व्यवस्था को भी कई चुनौतियों का सामना करना पड़ रहा है। टकराव और तनाव की स्थितियां निर्मित हो रही हैं। व्यापक मानसिक सोच अपनाकर ही आप तनाव और टकराव की इन परिस्थितियों को अपने अनुकूल बना सकते हैं।

सम्मान देकर ही सम्मान मिलता है : अपने सामाजिक और पारिवारिक जीवन में अपने-आप को 'सुपर' अथवा उच्च समझना रुग्ण सोच है। वास्तव में आप जितना दूसरों को महत्त्व अथवा प्रतिष्ठा देंगे, आपकी प्रतिष्ठा उतनी ही बढ़ेगी। दूसरों के प्रति शुभ सोचना आपकी सफलता का कारण बन सकता है। इसलिए आप हमेशा दूसरों से कुछ सीखने की सोच मन में पालें। दूसरों को कुछ देकर ही आप मानसिक रूप से प्रसन्न रह सकते हैं। आपकी सफलता दूसरों को कुछ देने में है। अपनी प्रसन्नता और संतुष्टि के लिए हमेशा अपने से छोटों को आशीर्वाद और बड़ों को मान-सम्मान दें। इस विषय में अपनी सोच बदलें। आत्म-निरीक्षण करें और दूसरों को सहयोग, सद्भावना देकर ही उनका दिल जीतें। समय-समय पर अपनी ओर से कुछ उपहार भी दें, जो आपकी इन्हीं भावनाओं के प्रमाण हों। जब आप दूसरों के सामने अपने विचार रखते हैं, तो हमेशा यह जानने का प्रयास करें कि कहीं मेरे कारण इनकी भावनाओं को ठेस तो नहीं लग रही। दूसरों

को विश्वास में लेकर ही, उनका विश्वास जीतकर ही अपनी बात उनके सामने रखें। जब कोई आपकी बात से सहमत न हो अथवा आपसे वैचारिक मतभेद रखता हो, तो दूसरों के विचार सुनकर आपे से बाहर न हों, बल्कि एक बार पुनः अपनी बात पर विचार करें। यदि आपके विचार सत्य हैं, शुभ हैं, सुंदर हैं, तो अवश्य ही दूसरों को प्रभावित करेंगे। हमारी संस्कृति में सत्यम्, शिवम्, सुंदरम् का बड़ा महत्त्व है। इसलिए अपनी बात अथवा विचार को बड़ी गंभीरता से धैर्य के साथ व्यक्त करें। क्रोध में आकर व्यक्त किया गया विचार कभी भी सत्य, शिव और सुंदर नहीं हो सकता। इसलिए क्रोध की स्थिति में अपनी बात किसी के सामने न रखें।

जीवन के आदर्श कभी नहीं बदलते। अपनी सोच को इन्हीं आदर्शों के अनुरूप बनाएं। सामाजिक जीवन में चाहे जैसी भी स्थिति निर्मित हो जाए, यदि आप सत्य का पक्ष छोड़ देते हैं, तो आप गुमराह हो सकते हैं। कभी भी कोई अप्रिय समझौता कर सकते हैं, जो भविष्य में आपके लिए दुखदायी सिद्ध हो सकता है। असत्य, छल, कपट, झूठ और मानसिक संकीर्णता के प्रभाव में आकर हथियाई गई सफलताएं, किए गए समझौते, अपनाई गई तुष्टीकरण की नीति आपको कभी भी सफल नहीं होने देगी। ऐसी बातों को कपोल कल्पित कहना अथवा समझना दुराग्रही सोच होगी।

प्रतिशोध का भाव त्यागें : सामाजिक जीवन में दूसरों के प्रति प्रतिशोध की भावनाएं स्थाई रूप से कभी न रखें। प्रतिशोध के विचार और भावनाएं कभी भी फलीभूत नहीं होतीं। मनोवैज्ञानिकों का मत है कि प्रतिशोधी भावना एक फोड़े के समान होती है, जिसे आप जितने अधिक दिनों तक अपने मन में रखेंगे, वह आपके लिए उतने ही अधिक दिनों तक पीड़ादायक बनी रहेगी।

अपने दुखों, अभावों, असफलताओं के कारणों को खुद जानें और उन्हें सच्चे मन से अपने स्तर पर दूर करने के उपाय करें। जीवन को हमेशा हंस कर बिताएं। जब आप यह जानते हैं कि लाभ-हानि, जीवन-मरण, यश-अपयश ईश्वर के हाथ में है, तो इनके लिए आत्मग्लानि करना, निराश होना अथवा पश्चात्ताप करके दुखी होना क्या अर्थ रखता है ? ऐसे व्यवहारों के लिए मन को मलिन कर अपनी योग्यता और प्रतिष्ठा को कम करने से क्या लाभ ? इस प्रकार की निराशावादी सोच आपके मन में अकारण ही भय पैदा करेगी और आप अपने प्रयत्नों के प्रति शिथिल हो जाएंगे। आपका मनोबल कमजोर हो जाएगा।

खुली सोच अपनाने के लिए हमेशा ठंडे दिमाग से यह सोचें कि आपके साथ अधिक-से-अधिक क्या बुरा हो सकता है ? जब आपके प्रयास अच्छे के लिए हैं, तो फिर बुरा कैसे होगा ? एक बार यह मान भी लिया जाए कि बुरा होगा, तो भी आप मानसिक रूप से इस बात के लिए तैयार रहें कि यदि बुरा हुआ, तो उसका सामना इस प्रकार से कर लिया जाएगा। अंग्रेजी में एक कहावत है कि "Hope for the best and prepare for the worse", अर्थात् हमेशा अच्छे की आशा करें और बुरे के लिए तैयार रहें। खुली सोच से यहां आशय केवल इतना ही है कि जो घटना, बात, व्यवहार, हादसा अथवा हानि हो चुकी है, उसके बारे में प्रतिक्रिया स्वरूप विलाप करना या आत्मग्लानि मन में लाना अथवा हीनता प्रकट कर क्रोधित होना, गाली-गलौच कर अपनी मानसिक विकृति, मानसिक संकीर्णता प्रकट करना उचित नहीं। आपके द्वारा इस प्रकार की प्रतिक्रिया से कुछ सुधार तो हो नहीं जाएगा, फिर आप अपनी मानसिक अवस्था को क्यों मलिन करते हैं ?

उदार बनें : अपने-आप को मानसिक तनावों से मुक्त रखने के लिए सहिष्णु बनें। दूसरों की प्रगति में कहीं भी बाधक न बनें। यदि आप चाहते हैं कि गाड़ी सब स्थानों पर समय से पहुंचे, तो उसे कहीं भी अनावश्यक रूप से न रोकें।

हमारा मस्तिष्क हमेशा क्रियाशील रहता है और इस क्रियाशीलता में नकारात्मक सोच को भी स्थान मिल जाता है। जिस प्रकार से खेतों में फालतू घास बिना बीज, बिना खाद के पैदा हो जाती है, उसी प्रकार से निराशावादी सोच अपने-आप पैदा होती है। अपनी सोच को सार्थक और सकारात्मक बनाने के लिए हमेशा मन में अच्छे विचार ही लाएं। अच्छे विचार और अच्छी बातें आपका मनोबल बढ़ाती हैं, आपके चेहरे का तेज बढ़ाती हैं, जबकि रुग्ण सोच आपको भीरु बनाती है।

दुख, अभाव और संघर्ष व्यक्ति को महान बनाते हैं। महान व्यक्तियों का जीवन आप देखें तो आप पाएंगे कि उन्हें अपनी इस स्थिति के लिए कड़ा संघर्ष करना पड़ा। अभावों को अभिशाप न समझें। अभाव तो हमें संघर्ष के लिए तैयार करते हैं। जब आपने अभाव देखे ही नहीं होंगे, तो आपको उनकी अनुभूति कैसे होगी ? इसलिए अभावों को दूर करने के लिए सदैव प्रयासरत रहें। परिश्रम करें। उन्हें अभिशाप न समझें। दूसरों के दुखों को कम करने में सहयोगी बनें।

अपनी सफलताओं की सूची बनाएं। जब भी मन में निराशा, हार, उदासी अथवा आत्महीनता का कोई भाव उमड़ने लगे, अपनी इस सूची को ध्यान से देखें। यह प्रयास करें कि इस सूची में कुछ नई वृद्धि हो, इस उद्देश्य से अपनी क्षमताएं बढ़ाएं।

संत विचारकों का मत है कि इच्छाएं दुख का कारण हैं। इसलिए आप अपनी इच्छाएं सीमित रखें। दूसरों से बड़ी-बड़ी अपेक्षाएं न करें। वास्तव में अपेक्षाओं की पूर्ति न होने पर हमारा मन दुखी होता है। यदि आपकी इच्छाएं सीमित होंगी तो दुख भी कम होंगे और जब दुख कम होंगे, तो आपकी मानसिक सोच भी व्यापक होगी। हां, दूसरों की खुशी अथवा अपनी खुशी के लिए शॉर्टकट न अपनाएं, क्योंकि शॉर्टकट के द्वारा प्राप्त की गई सफलताएं, सफलताएं नहीं, एक प्रकार की चोरी है, जो कभी भी आपकी मानसिक संतुष्टि का आधार नहीं बन सकती, संपन्नता का आधार नहीं बन सकती।

❏❏❏

खुश रहें – खुशियां बांटें

- खुशियां बांटने से बढ़ती हैं और गम व्यक्त करने से कम होते हैं।
- मधुर मुस्कान देकर दूसरे के मन की मलिनता कम करें।
- दूसरों के अच्छे कार्यों, व्यवहारों के प्रति मन में कृतज्ञता का भाव लाएं।

हमारे सामाजिक और पारिवारिक जीवन में ऐसे लोगों की कमी नहीं, जो हमेशा तनावग्रस्त, मुंह फुलाए, जरा-जरा-सी बातों में तुनकने वाले, बात-बात में करंट-सा मारने वाले होते हैं। ऐसे लोगों के चेहरों पर हंसी महीनों नहीं आती। पुरुष ही नहीं, ऐसी अनेक महिलाएं भी हैं, जो जब भी बोलेंगी 'कफन फाड़कर' बोलेंगी। ऐसी जली-कटी बात करेंगी कि सुनने वाले का कलेजा ही छलनी हो जाए। ऐसी महिलाएं स्वयं तो तनावग्रस्त रहती ही हैं, दूसरों को भी हंसता हुआ नहीं देख पातीं। ऐसी ही एक महिला को चिकित्सा के क्रम में चिकित्सक ने सलाह दी कि आप दिन में कम-से-कम छः बार दर्पण के सामने खड़ी होकर स्वयं को निहारें और दिल खोल कर खूब हंसें।

हंसने की इस सोच के पीछे चिकित्सक का मंतव्य रोगी महिला को खुश रहने के लिए प्रेरित करना था। महिला के स्वास्थ्य पर इसका अच्छा प्रभाव भी पड़ा। दूसरी ओर एक अन्य महिला की सोच देखिए –

"अरे सपना, सुना है तुम्हारे पिताजी ने दूसरी शादी कर ली है ? रात को घर में आते हैं कि नहीं ? तुम लोगों का खर्च कैसे चलता है...?" भला आप ही बताएं, ऐसी महिलाओं से मिलकर किसे प्रसन्नता होगी ? बहुत स्पष्ट है कि ऐसी महिलाओं

को आपके साथ कोई सहानुभूति नहीं होती। वे तो केवल दूसरों की हीनताओं को उछालने में ही संतुष्टि का अनुभव करती हैं। ऐसे पुरुष अथवा महिलाओं की सोच बड़ी संकीर्ण और हिंसक होती है। वे दूसरों की कमजोरियों को उछालकर अपनी कमजोरियों को छिपाने के प्रयास करते हैं और मन-ही-मन दूसरों की कमजोरियों पर प्रसन्न होते हैं। इस प्रकार की सोच न तो व्यावहारिक जीवन में हमें कभी प्रतिष्ठा दिला सकती है और न ही हमें प्रसन्न कर सकती है।

सबको सुखी देखने की कामना में ही सुख है : इसके विपरीत अपने सामाजिक और परिचय क्षेत्र में आपकी एक छोटी-सी मुस्कान आपको प्रसन्नता और प्रतिष्ठा दिला सकती है। इसलिए दैनिक जीवन में न केवल आप स्वयं प्रसन्न रहें, बल्कि अपने परिचय क्षेत्र में अपने वरिष्ठ अधिकारियों और सहकर्मियों के बीच अपनी प्रसन्नताएं भी व्यक्त करें। अपनी सफलताओं और उपलब्धियों की चर्चा करें। इस प्रकार की चर्चा में इतना ध्यान रखें कि कहीं आपकी यह प्रसन्नता दूसरों को व्यंग्य न लगे, दूसरों की भावनाओं को आहत न करे।

अपनी प्रसन्नता के लिए अपनी मानसिक सोच को व्यापक बनाएं। अपने परिचय क्षेत्र में लोगों की सफलताओं, उपलब्धियों और प्रगति को खुले दिल से स्वीकारें। उनकी इन सफलताओं पर जी भर कर प्रसन्न हों। केवल प्रसन्न ही नहीं, बल्कि अपनी इस प्रसन्नता को व्यक्त भी करें। यदि प्रसन्नता को व्यक्त करने में 'पल्ले' से कुछ खर्च भी करना पड़े, तो अवश्य करें। दूसरों की सफलताओं, उपलब्धियों पर उन्हें अपनी ओर से बधाई दें, आशीर्वाद दें, शुभकामनाएं प्रकट करें। पत्र लिखकर बधाई संदेश भेजें। अवसर के अनुकूल उनके सम्मान में अपनी ओर से पार्टी, भोज अथवा सम्मान समारोह का आयोजन भी करें। ऐसे आयोजनों से उसका सम्मान तो बढ़ता ही है, जिसके सम्मान में यह आयोजन आयोजित किया जा रहा है, साथ ही आपका मान भी बढ़ता है।

यदि किसी के गृह-प्रवेश के अवसर पर आप आमंत्रित हैं, तो पार्टी में जाते ही अपनी प्रसन्नता कुछ इस प्रकार से व्यक्त करें, ''बधाई हो भाई साहब, गृह-प्रवेश के अवसर पर हमारी ओर से हार्दिक शुभकामनाएं। ईश्वर ने आपकी इच्छा पूरी कर दी। वास्तव में मेहनत का फल तो मिलता ही है। आपने इस मकान को बनवाने के लिए बड़ा कड़ा परिश्रम किया है। आखिर रात-दिन की मेहनत रंग लाई है। गृह-प्रवेश के इस अवसर पर हमारी ओर से आपके शयन कक्ष की सज्जा के लिए यह पेंटिंग स्वीकार करें...।'' वास्तव में इस प्रकार की प्रसन्नता का व्यवहार, न केवल मेजबान की प्रसन्नता को बढ़ाएगा, बल्कि उसके दिल में आपके लिए आदर बढ़ेगा और वह भावनात्मक रूप से हमेशा आपसे जुड़ा रहेगा। अपने परिचय

क्षेत्र में अपने निकट संबंधियों, मित्रों, सहकुटुंबियों, सहकर्मी मित्रों, अधिकारियों की भावनाओं, विचारों, रुचियों का सम्मान करें।

गृह-प्रवेश के अवसर पर एक अन्य मित्र जैसे ही पार्टी में पहुंचे, तुरंत अपने मन की भावनाओं को छिपाते हुए बोले, ''अरे भाई रमेश, लगता है कहीं से कोई लंबा हाथ मारा है, वरना हम तो दस साल की नौकरी में एक झोपड़ी भी नहीं बना पाए। दरअसल, यार तुम्हारी सीट ही ऐसी है, फिर जिस पर साहब मेहरबान तो समझो गधा पहलवान...चार-पांच लाख तो लग ही गए होंगे...हमें भी कोई ऐसा गुरुमंत्र बताओ यार...।''

ऐसे लोगों की मनोवृत्ति के प्रति मेजबान क्या राय प्रकट कर सकते हैं ? मित्र की इस प्रकार की बातों पर ध्यान न देना ही उचित समझ कर वे बात को इतनी सरलता से अनदेखा कर देते हैं, जैसे कुछ हुआ ही नहीं। वास्तव में ऐसे लोगों की बातों को यदि ध्यान में रखा जाएगा, तो मन में हमेशा तनाव ही बना रहेगा। अतः ऐसे लोगों की बातों पर ध्यान न देना ही बुद्धिमत्ता है।

घर आए मेहमानों की प्रसन्नता को बढ़ाने के लिए यदि मेजबान यह पूछता है, ''अच्छा भाई यह बताओ कि रात डिनर में आप क्या खाना पसंद करेंगे... ?'' तो प्रसन्नता बांटने वाला आपका यह व्यवहार और सोच आपकी मान-प्रतिष्ठा भी बढ़ाएगी और मेहमान का दिल भी जीतेगी।

अपनों के बीच बैठकर बातचीत करते समय, उत्तर देते समय चेहरे पर स्वाभाविक मुस्कान लाएं। चेहरे को जरा भी उत्तेजित न होने दें। न ही शब्दों को चबाकर बोलें। किसी बात पर व्यंग्य अथवा ताने न मारें। बात चाहे आमने-सामने बैठकर करें अथवा टेलीफोन पर, दूसरों को हमेशा उलाहने देते रहना, अपेक्षाओं का रोना रोते रहना, अहसानों की दुहाई देते रहना, शिकायतें करते रहना, कर्कश बोलना उचित नहीं। अपनी बातचीत में हमेशा प्रासंगिकता का ध्यान रखें। प्रसंग से हटकर न बोलें। आप अपनी बात को जितना अधिक शिष्ट बनाएंगे, आपकी बात का वजन उतना ही अधिक होगा। उसका प्रभाव उतना ही अधिक होगा। दूसरों को उतना ही अधिक प्रभावित कर सकेंगे।

दूसरों की प्रसन्नता के लिए हमेशा दूसरों के विचारों का विरोध न करें। अधिकारी का निर्देश हो अथवा पत्नी का अनुरोध, पति की फरमाइश हो अथवा सहकर्मी की सलाह, यदि आप उनके किसी विचार अथवा बात से सहमत नहीं हैं, तो अपना विरोध भी कुछ इस प्रकार से व्यक्त करें कि सुनने वाले को बुरा न लगे, न ही उसे यह लगे कि उसके मत की कोई कीमत ही नहीं। वास्तव में दूसरों

को भी कहने, चिंतन और मनन करने के लिए समय दें और फिर सोच-समझकर ही विरोध अथवा सहमति प्रकट करें। परिचय क्षेत्र में किसी भी समस्या को प्रस्तुत करते समय अपनी ओर से कोई-न-कोई विकल्प अवश्य प्रस्तुत करें। इस प्रकार का व्यवहार जहां आपको अनावश्यक रूप से तनावों से मुक्त रखता है, वहीं आपकी सोच को भी लोग पसंद करते हैं। आपसे विचार-विमर्श करने के लिए लालायित रहते हैं। आपसे मिलकर प्रसन्नता का अनुभव करते हैं। अपनी सोच को हमेशा सकारात्मक दिशा दें। अपनी आलोचना, निंदा सुनकर आपे से बाहर न हों और न ही दूसरों के प्रति मन में प्रतिशोध की भावना लाएं। जब आप दूसरों के दुख में दुखी और दूसरों के सुख में सुखी अनुभव करते हैं, तो समझिए कि आप मानव धर्म का पालन कर रहे हैं, अपने धर्म का पालन कर रहे हैं। दुख-सुख के इन क्षणों में आप जितने अधिक धैर्य, विवेक और गंभीरता का परिचय देंगे, अपने-आप को उतना ही अधिक संतुष्ट पाएंगे। आप शांत और गंभीर रहकर दूसरों को उनकी गलती अथवा गलतफहमी का अहसास कराएं। इसलिए प्रसन्न होकर अपनी आलोचना सुनें और फिर जब अवसर मिले, तो अपना स्पष्टीकरण देकर अपनी बात कहें।

अपने सामाजिक और पारिवारिक परिवेश में हमेशा दूसरों की ही अधिक सुनें। अपनी ओर से किसी बात को बार-बार न दोहराएं और न ही कुतर्क करें। अपनी किसी कमजोरी, हीनता, असफलता अथवा हानि पर निराश अथवा हताश होकर विलाप करना, इसके लिए दूसरों को दोषी मानकर उन्हें भला-बुरा कहना उचित नहीं। बल्कि अपनी इस असफलता का अपने स्तर पर मूल्यांकन करें और फिर अपनी सफलता के लिए नए सिरे से एक और प्रयास करें। आशय यह है कि अपनी असफलताओं पर निराश होकर बैठना अथवा अपनी हीनताओं के लिए दूसरों को दोषी ठहराना उचित नहीं। अपनी खुशियां अपने ही घर में तलाशें। अपने वर्तमान से हमेशा संतुष्ट रहें और भविष्य के लिए प्रयासरत रहें।

अमेरिकी आर्किटेक्ट वर्नीनर का कथन है कि आधुनिक सामाजिक जीवन-शैली ने आदमी को इतना अकेला बना दिया है कि वह अपने ही मकान में कैदी बन कर रह गया है। लगता है जैसे हर कोई अपने ही पड़ोसी के प्रति आशंकित और भयभीत है।

खुश रहने और खुशियां बांटने के लिए जरूरी है कि वह पड़ोसियों से मिले, उनके दिल के दर्द को समझे। अपने घर के दरवाजे-खिड़कियां खुली रखे, मुस्करा कर उनका स्वागत-सत्कार और सहयोग करे।

सहानुभूति पाने की इच्छा मनोवैज्ञानिक कमजोरी : दूसरों की सहानुभूति पाने अथवा सांत्वना पाने की इच्छा मन में न लाएं। इससे आपका मनोबल कमजोर होता है। इसी प्रकार से अपनी हीनताओं का रोना रोकर दूसरों की सहायता पाने की कोशिश न करें। ध्यान रखें कि जब भी कोई आपकी मदद करता है, तो बदले में आपसे यह अपेक्षा करता है कि आप वक्त आने पर उसका समर्थन करेंगे, साथ देंगे। इस प्रकार से लोग आप पर अहसान इसलिए करते हैं कि वे आपसे अपने अहसानों का 'भुगतान' चाहते हैं। इसलिए आप दूसरों के अहसान लेकर अपनी समस्याएं न बढ़ाएं। इससे आपकी खुशियां कम होंगी और आपके चेहरे की प्रसन्नता को हमेशा 'ग्रहण' लगा रहेगा। इस संबंध में दूरदर्शी सोच अपनाएं। बात-बात में दूसरों के सामने हाथ न पसारें। हां, विषम परिस्थितियों में ऐसे आदमियों की मदद अवश्य लें, जिन पर आपको विश्वास है, जो आपके अपने हैं, शुभचिंतक हैं। महिलाओं को भी अपनी सोच व्यावहारिक बनानी चाहिए। उन्हें अपने रूप, सौंदर्य पर संतुष्ट रहना चाहिए और मन में इस विषय में कोई भी हीन भाव नहीं लाना चाहिए। "हाय मेरा रंग सांवला है..." जैसी हीनता ओढ़कर दुखी होना मूर्खता है। अतः ऐसे विचार मन में न लाएं। तन की सुंदरता की अपेक्षा मन की सुंदरता पर अधिक ध्यान दें। अपना व्यक्तित्व, अपनी योग्यता और प्रतिभा को निखारें।

कामकाजी जीवन में आपको कभी-कभी किन्हीं अप्रिय व्यवहारों, घटनाओं अथवा हादसों से गुजरना पड़ता है। ऐसे अप्रिय प्रसंगों के कारण मन में कोई गांठ न बांधें। आपका अपना चरित्र है और इस चरित्र के कारण आपकी प्रतिष्ठा है। संस्थान में आपकी अपनी छवि है। अपनी इस छवि को कभी धूमिल न होने दें। दांपत्य जीवन पर भी कभी किसी बाहरी 'बला' का प्रवेश न होने दें।

दूसरों के अच्छे व्यवहारों के लिए अपनी ओर से कृतज्ञता ज्ञापित करें। उन्हें धन्यवाद दें, जिनके कारण आपको सफलता प्राप्त हुई है अथवा जिनके कारण आप सफलता के इस स्थान पर पहुंचे हैं। आशय यह है कि दूसरों के अच्छे कार्यों के लिए प्रशंसा करने में कंजूसी न बरतें। प्रसन्न रहकर प्रसन्नता बांटने का यह आचरण न केवल आपको मानसिक तनावों से मुक्त रखेगा, बल्कि आपके सामाजिक और कामकाजी जीवन में भी आपको एक नई पहचान देगा। मधुर मुस्कान की हलकी-सी चमक अपने चेहरे पर लाएं। प्रसन्नता का यह आचरण आपके व्यक्तित्व में चार चांद लगाएगा। दूसरों के दिल में आपकी स्मृति बहुत दिनों तक बनी रहेगी। बस, केवल प्रसन्न रहने की कोशिश करें। प्रसन्न रहना और दूसरों को प्रसन्न देखना आपकी आदत बन जाएगी। यह आपके व्यक्तित्व का सर्वश्रेष्ठ गुण होगा।

❑❑❑

आकर्षक व्यक्तित्व

- कुछ तो है, जिसे देखकर आप दूसरों से प्रभावित होते हैं।
- कुछ तो है, जो आप दूसरों को प्रभावित कर लेते हैं।
- कुछ तो है, जो देखते ही देखते कुछ लोग सफलता की नई बुलंदियों तक पहुंच जाते हैं।

यदि आपके दिल में इस तरह के कुछ विचार, प्रश्न या जिज्ञासा उभर कर सामने आती है, तो इसका अर्थ यह नहीं कि आप दूसरों की सफलताओं से ईर्ष्या करते हैं, उनसे जलते हैं अथवा आपके मन में हीनता या आत्मग्लानि है। वास्तव में ऐसे लोगों के प्रति आपके मन में जो विचार पैदा होते हैं, वे आपको उनसे कुछ प्रेरणा लेने के लिए, कुछ अनुकरण करने के लिए तथा अपने व्यक्तित्व का मूल्यांकन करने के लिए प्रेरित करते हैं। ऐसे लोग किशोरों के 'आदर्श' बनने लगते हैं। बच्चे ऐसे लोगों जैसे आचरण का अनुकरण करने लगते हैं। उनके अनुरूप कपड़े पहनने लगते हैं। बनाव-शृंगार करने लगते हैं।

समाज में सफल हुए ऐसे व्यक्तियों की किस बात, विचार अथवा 'अदा' से आप प्रभावित हो जाएं, कुछ कहा नहीं जा सकता, मगर इस प्रकार के व्यवहार ही आपके व्यक्तित्व का निर्माण करने में महत्त्वपूर्ण भूमिका निभाते हैं।

युवा लड़के-लड़कियों पर फिल्मी ग्लैमर और फैशन का इतना अधिक प्रभाव पड़ता है कि वे हीरो-हीरोइन की बातों, अभिनय, अदा आदि की नकल करने लगते हैं। दिलीप कट और साधना कट बाल, राजकुमार जैसे संवाद, देवानंद जैसी चाल आदि का अनुकरण हजारों लड़के-लड़कियां केवल इसलिए करते हैं कि वे इन्हें अपना आदर्श समझते हैं। उम्र के साथ भले ही इन लड़के-लड़कियों की सोच में अंतर आ जाए, लेकिन वास्तव में यह सब व्यक्तित्व का प्रभाव ही तो है।

अच्छे कार्यों से ही प्रतिष्ठा मिलती है : व्यक्तित्व का निर्माण केवल एक दिन में नहीं होता। यह तो पारिवारिक संस्कारों, शिक्षा, स्कूली जीवन का प्रभाव, सामाजिक परिवेश आदि की देन है। जब व्यक्ति मन, वचन और कर्म से प्रभावित होकर कोई कार्य करता है, तो उसका निरंतर सामाजिक मूल्यांकन होता है। इसी मूल्यांकन को सामाजिक प्रतिष्ठा मिलती है, जो व्यक्ति को अच्छे कार्यों के लिए प्रेरित, प्रोत्साहित करती है। उसे सामाजिक प्रतिष्ठा दिलाती है। जब व्यक्ति का आचरण सामाजिक वर्जनाओं के विपरीत होता है, नीतिसंगत नहीं होता, तो उसे सामाजिक प्रताड़ना अथवा निंदा मिलती है। व्यक्ति भी यह समझता है कि समाज उसके कार्यों, व्यवहार को अच्छा नहीं समझता, उसे सम्मान नहीं देता, तो उसकी सोच में अपने-आप निराशा, असंतोष, घृणा आदि पैदा होने लगती है। यहां तक कि वह अपने इस असंतोष की अभिव्यक्ति भी करने लगता है। यह असंतोष ही उसे क्रोधी बनाता है। वह अपनी वाणी में अपशब्दों का प्रयोग करता है। सामाजिक आदर्शों के विपरीत आचरण करता है। इस प्रकार की सोच ही व्यक्ति को परिवार, समाज और व्यवस्था के प्रति विद्रोही बनाती है। सामाजिक रूप से पलायनवादी सोच ही उसे कई प्रकार से गुमराह करती है, जो एक प्रकार से प्रतिक्रियावादी व्यवहार है। इस प्रकार का तथाकथित प्रतिक्रियावादी व्यवहार प्रतिशोधित सामाजिक व्यवहार होता है, जो उसे सामाजिक प्रतिष्ठा नहीं दिला सकता। इस प्रकार की प्रतिक्रियावादी सोच ही उसे अंत में यह सोचने के लिए विवश करती है कि कुछ तो है, जो अनुचित है, गलत है, सामाजिक व्यवस्थाओं के प्रतिकूल है। ऐसी सोच ही उसके दृष्टिकोण में परिवर्तन लाती है और फिर उसका चिंतन, उसका सामाजिक दृष्टिकोण बदलने लगता है। वह समाज में रहकर प्रसन्नता, आनंद, सुख, संतोष की अनुभूति करना चाहता है, जिसके लिए वह पुनः सामाजिक व्यवस्थाओं के अनुरूप आचरण करने लगता है। इसमें यदि उसे सफलता मिलती है, तो यह सफलता और प्रगतिशील सोच उसे सामाजिक कर्तव्यों का पालन करने के लिए प्रेरित करने लगती है। उसके व्यक्तित्व में निखार आने लगता है।

इसमें दो मत नहीं कि निष्कर्ष रूप में दो बातें उसके सामने आती हैं–अच्छा और बुरा। जब तक वह कर्तव्यों से विमुख रहता है, तब तक उसे सामाजिक रूप से प्रतिष्ठा प्राप्त नहीं होती। जैसे ही उसका आचरण और व्यवहार सामाजिक अपेक्षाओं को पूरा करने लगता है, उसकी सामाजिक प्रतिष्ठा तो बढ़ती ही है, उसमें सामाजिक श्रेष्ठता का भी भाव पैदा होने लगता है। सामाजिक श्रेष्ठता के लिए आवश्यक है कि वह अपने दायित्वों के प्रति जागरूक हो। सामाजिक श्रेष्ठता पा जाने के बाद, उसमें बुद्धिमत्ता, विवेकशीलता और साहस जैसे गुण

प्रकट होने लगते हैं। सद्भावना, सहयोग और समर्पण के वातावरण में पले, बढ़े व्यक्ति मानसिक रूप से इतने प्रसन्न, संतुष्ट हो जाते हैं कि सफलता उनके कदम चूमने लगती है। इसके विपरीत स्वार्थ, द्वेष और ईर्ष्या आदि की भावनाएं, व्यक्ति को मानसिक रूप से संकीर्ण बना देती हैं। इस प्रकार का वातावरण उसके जीवन को पग-पग पर असफल बनाता है। इसलिए व्यक्तित्व विकास के लिए यह बहुत आवश्यक है कि घर का वातावरण स्नेहिल, विश्वासपूर्ण, सद्भावना और समर्पित सोच वाला हो। तात्कालिक लाभ के लिए किसी भी प्रकार का अवांछनीय व्यवहार न करें। इस प्रकार की सोच ही व्यक्ति को भीरु, कमजोर और आलसी बनाती है, उसके व्यक्तित्व के विकास में बाधक बनती है। सामाजिक अथवा कामकाजी जीवन में यदि कोई यह कहता है कि मैं अमुक आदमी से डरता हूं, तो इसके पीछे मनोवैज्ञानिक सत्य है कि वह उस व्यक्ति से नहीं, बल्कि अपनी कमजोरियों, हीनताओं से डरता है। सत्य तो यह है कि अनुचित व्यवहार अथवा अनुचित सोच ही हमें सफलताओं से दूर ले जाती है। इसलिए इस सत्य को जानें कि प्रत्येक व्यक्ति में कुछ-न-कुछ गुण अवश्य होते हैं। ये गुण ही उसे सफलता की नई ऊंचाइयों तक ले जा सकते हैं। इसलिए व्यक्तित्व विकास के लिए अपने इन गुणों की परख करें, दूसरों के अच्छे गुणों का अनुसरण करें और नीतिसम्यक् आचरण करें।

नीतिपूर्ण आचरण करें : नीतिसम्यक् आचरण, वह चाहे चाणक्य नीति हो अथवा विदुर नीति, हितोपदेश की कहानियां हों अथवा विष्णु पुराण की नीतिसम्यक् शिक्षाएं, वे आज भी शाश्वत और प्रासंगिक हैं। सफलता की नई ऊंचाइयों को छूने वाले व्यक्तियों के जीवन चरित्र का आप मूल्यांकन करें, तो इस सत्य को अवश्य पाएंगे कि ऐसे व्यक्ति आज भी अपनी ऐसी नीतियों, सिद्धांतों और आदर्शों के अनुरूप जीवन जी रहे हैं, इन सिद्धांतों को अपनाए हुए हैं।

सफलता की नई ऊंचाइयों को छू रहे एक पुस्तक प्रकाशक से हुई बातचीत का यह अंश सुनकर कोई भी उनकी सफलता का रहस्य जान सकता है।

"जी हां...। सौरी। हमें खेद है कि हम आपकी यह इच्छा पूरी नहीं कर सकते। हमारी विवशता है। प्रबंधक होने के बाद भी मैं इस विषय में आपकी कोई सहायता नहीं कर सकता। जी...जी...अगर आपके साथ कोई अनुचित व्यवहार हुआ है, तो आप बताएं। मैं आपके साथ हूं। हम तो हमेशा यह प्रयास करते हैं कि हमारी ओर से किसी को कोई शिकायत का अवसर न मिले। आप तो हमारे हाथ-पैर हैं। जी धन्यवाद। अच्छा, शुभकामनाएं...।"

निश्चित रूप से इस प्रकार की आत्मविश्वास से भरी वाणी, आत्मीयता और स्पष्ट सोच वाली बातें सुनने वाला प्रभावित हुए बिना नहीं रह सकता।

आत्मविश्वास बढ़ाएं : व्यापारिक भ्रमण के क्रम में प्रतिष्ठित संस्थान से आए प्रतिनिधि ने बड़े आत्मीय भाव से अपने उत्पादन को विक्रेता के सामने रखते हुए कहा, "आप हमारे उत्पादन की कोई कमी तो बताएं। संस्थान से इतनी दूर मैं आपके शहर में केवल यह देखने के लिए आया हूं कि आप हमारे उत्पादनों के बारे में क्या राय रखते हैं। दरअसल आपका और उपभोक्ता का सीधा संबंध होता है, इसलिए...।"

सेल्समैन का आत्मविश्वास विक्रेता का विश्वास जीतने के लिए काफी था। सेल्समैन का एक-एक शब्द नपा-तुला था, जो विक्रेता को प्रभावित करने के लिए काफी था। यह उसके आकर्षक व्यक्तित्व का ही कमाल था।

आकर्षक और प्रभावी व्यक्तित्व बाजार से खरीदी जाने अथवा बिकने वाली कोई भौतिक वस्तु नहीं है। न ही यह किसी स्कूल, कॉलेज और प्रशिक्षण संस्था की देन है। यह तो एक ऐसी सोच है, जिसका संबंध पूरी तरह से व्यक्ति की कार्य-दक्षता से होता है। बाजार में एक ही प्रकार की कई दुकानें होती हैं, फिर भी किसी एक दुकान की प्रतिष्ठा, नाम और प्रसिद्धि इसलिए हो जाती है कि उसका कार्य दक्षता के साथ कुछ और ही होता है। इसलिए आप चाहे कामकाजी महिला हों अथवा संस्थान के प्रबंधक, आपका पद चाहे प्रशासनिक हो अथवा कार्यकारी, आप विधायक हों अथवा सामाजिक कार्यकर्ता, संस्थान के मालिक हों अथवा सेल्समैन, कार्य की दक्षता के साथ-साथ अपने व्यवहार को इतना प्रभावी बनाएं कि संपर्क में आने वाला व्यक्ति आपसे प्रभावित हुए बिना न रह सके। अपने काम के प्रत्येक पक्ष की जानकारी आपको होनी चाहिए। अपने उत्पादनों अथवा अपने संस्थान की रीति-नीति, नियम, सिद्धांतों, अपेक्षाओं को जानें। अपने विषय से संबंधित जानकारी बढ़ाने के लिए नई-नई जानकारी के लिए नया साहित्य, नई-नई पत्र-पत्रिकाएं पढ़ते रहें। इससे जहां आपका आत्मविश्वास बढ़ेगा, वहीं आप सही निर्णय और सही विचार प्रकट कर सकेंगे। आपका आत्मविश्वास बढ़ेगा, तो आपकी कार्य-क्षमता भी बढ़ेगी।

बनाव-शृंगार : आकर्षक व्यक्तित्व के लिए आपको कुछ आकर्षक बनना भी चाहिए। आप चाहे पुरुष हों अथवा महिला, लड़की हों अथवा प्रौढ़, इतना बनाव-शृंगार अवश्य करें कि आप चुस्त-दुरुस्त दिखाई दें। आपका केश-विन्यास, चेहरा और आंखें सजी-संवरी, स्वस्थ दिखाई दें। प्रशासनिक पदों पर काम करने वाले

अथवा जन-संपर्क में आने वाले पुरुषों को रोज 'शेव' बनानी चाहिए। यदि आप दाढ़ी बढ़ाते हैं, तो उसे संवारें। अपने केश-विन्यास को कुछ इस प्रकार का रूप दें कि वह आपके व्यक्तित्व को निखारे। बढ़ी हुई शेव, उखड़े-उखड़े मैले बाल आपके आत्मविश्वास को कम करते हैं। आप अपनी बात भी दूसरों के सामने पूरे विश्वास के साथ नहीं कह पाते। कामकाजी महिलाओं को कामकाज के दौरान आभूषण का मोह त्यागकर केवल इतने आभूषण पहनने चाहिए कि वे उनकी खूबसूरती और सादगी को प्रदर्शित करें। उन पर बोझ न बनें। महिलाएं गहनों से लदकर संस्थान में न जाएं, अन्यथा उन्हें इस बनावटी शृंगार के कारण 'हीरोइन', 'सेठानी' जैसे निकनेम और आवाजें ही सुनने को मिलेंगी।

अपना ब्रीफकेस, रूमाल, लेटरहैड, विजिटिंग कार्ड, जूते, मोजे, टाई आदि इतने साफ-सुथरे रखें कि वे आपके व्यक्तित्व को निखारें। जब भी किसी नए व्यक्ति, संस्थान अथवा अधिकारी से मिलें, तो पूरे आत्मविश्वास के साथ, शिष्टता और शालीनता के साथ पहले अपना परिचय दें, फिर कार्ड दें। वास्तव में कार्ड आपकी प्रामाणिकता का सूचक है, अतः इसे आवश्यकता अनुसार उपयोग करें। यदि आप किसी संस्थान के प्रतिनिधि हैं, सेल्समैन अथवा प्रचारक हैं, तो आप तब तक इंतजार करें, जब तक कि बात सुनने वाला आपको समय न दे। दूसरे संस्थान में जाकर सिगरेट पीना, गुटखा खाना शिष्टता नहीं। अब तो सार्वजनिक स्थानों पर वैसे भी धूम्रपान वर्जित है। इसलिए ऐसे सार्वजनिक स्थानों पर इस प्रकार का प्रदर्शन कर अशिष्ट व्यवहार न करें।

फैशन अथवा ग्लैमर से प्रभावित होकर अर्धनग्न अथवा पारदर्शी कपड़े पहनना, अंगों का प्रदर्शन करना आपको सामाजिक प्रतिष्ठा नहीं दिला सकता। इस विषय में सावधानी बरतें। ध्यान रखें कि इस प्रकार का बनाव-शृंगार आपकी समस्याएं बढ़ाएगा और आप चर्चा अथवा निंदा का केंद्र बनेंगी।

शिष्टाचार और शालीनता : अपने सामाजिक, पारिवारिक, कामकाजी जीवन में शालीनता और शिष्टाचार अपनाएं। आप चाहे अधिकारी हों अथवा साधारण कर्मचारी, महिला हों अथवा पुरुष, अपनी बातचीत में हमेशा "सर", "जी हां", "जी नहीं", "मैडम", "धन्यवाद", "आप लीजिए", "बैठिए", "आप बताइए" जैसे शब्दों का प्रयोग अवश्य करें। इससे जहां आपकी बातचीत संतुलित रहेगी, वहीं आपको बातचीत अति संक्षेप में कहने की आदत पड़ेगी। संपर्क के सभी अवसरों पर हमेशा दूसरों को ही अधिक बोलने का अवसर दें। संस्थान में यदि आप किसी के साथ चाय पी रहे हैं अथवा किसी को चाय पिलाना चाहते हैं, तो पहले से पूछ लें। इस प्रकार की पूछ केवल औपचारिक न हो। चाय का कप

रखने से पहले 'प्लास्टिक मैट' रख दें। चाय आने पर पहले चाय सामने वाले को 'ऑफर' करें। इस ऑफर के साथ ही उन्हें चाय लेने के लिए आग्रह भी करें, तभी स्वयं चाय लें।

व्यवहार की ऐसी अनेक छोटी-छोटी बातें हैं, जो आपके व्यक्तित्व को निखारती हैं। यदि आप संस्थान के किसी कर्मचारी के साथ बातचीत कर रहे हैं अथवा बाहर का कोई व्यक्ति, ग्राहक या पार्टी संस्थान में आई हुई है, तो भी अपनी बातचीत धीरे ही करें। जोर-जोर से बोलना अशिष्टता का पर्याय है। इस प्रकार से किसी बात में मतभेद हो जाने पर अशिष्ट बोलना अथवा असंसदीय भाषा का प्रयोग करना, क्रोधित होकर आपे से बाहर होना, आपके व्यक्तित्व को कुंठित करता है। क्रोध में आकर न तो आप अपनी बात को ही पूरी तरह से समझा सकते हैं, न ही दूसरे की सुन सकते हैं, न दूसरों का विश्वास जीत सकते हैं। बेहतर यह होगा कि क्रोध के क्षणों में आप अपनी बातचीत बंद कर दें। प्रसंग बदल दें। स्थान अथवा विषय बदल दें। दूसरा काम करने लगें। पानी पीकर उठ जाएं और बाहर थोड़ी देर के लिए घूम आएं। इससे आपकी मनःस्थिति बदल जाएगी और आप शीघ्र ही सामान्य हो जाएंगे।

अपनी सफलता का श्रेय दूसरों को भी दें : जब आप यह मानते हैं कि हर व्यक्ति में कुछ-न-कुछ गुण अवश्य होता है और हमें उनके इस गुण से लाभ उठाना चाहिए, तो फिर इस बात को भी खुले दिल से स्वीकार करें कि हमारी सफलताओं के पीछे ऐसे ही लोगों का हाथ होता है, जिनसे हम कुछ सीखते हैं। इसलिए अपनी इस सफलता का श्रेय उन्हें भी दें। उनकी योग्यता, क्षमता, प्रतिभा को स्वीकारें। उनकी प्रशंसा करें। उनकी योग्यता और पद के अनुसार उन्हें मान-प्रतिष्ठा भी दें। इस प्रकार से दिया हुआ मान-सम्मान पाकर वे आपके प्रति कृतज्ञ होंगे। दूसरों को महत्त्व अथवा श्रेय देने का यह व्यवहार आपका महत्त्व बढ़ाएगा। यदि आप समझते हैं कि आपका कोई अधिकारी अथवा सहकर्मी किसी गलत धारणा अथवा पूर्वाग्रह से ग्रसित है, तो उसका कारण जानें और अपनी ओर से स्थिति स्पष्ट करें। फिर भी यदि किसी की मानसिक सोच में कोई अंतर नहीं आता, तो उन्हें सीधे रास्ते पर लाने का प्रयास आप अपने स्तर पर न करें, क्योंकि सच्चाई एक-न-एक दिन सिर चढ़ कर बोलती है। हो सकता है कि गलत सोच में भटकते हुए ऐसे लोगों की आंखें एक दिन स्वयं खुल जाएं और लोगों को आप भविष्य में होने वाली हानियों अथवा दुष्परिणामों से अवगत करा सकें, तो इसमें आपकी ही प्रतिष्ठा बढ़ेगी, क्योंकि ऐसे व्यक्ति शीघ्र ही ठोकर खाकर अपने विचार बदल देंगे अथवा संभल जाएंगे।

लक्ष्य के प्रति समर्पित हों : आप चाहे जहां भी हों, अपने लक्ष्य के प्रति समर्पित होकर अपने महत्त्व को जानें। अपने किसी भी काम को छोटा न समझें और न ही अपने कार्य अथवा जाति के कारण मन में किसी प्रकार की हीनता लाएं। अपने काम को पूरी लगन, निष्ठा, तन्मयता और रुचि के साथ करें। इससे न केवल आप अपने लक्ष्य को पा सकेंगे, बल्कि लक्ष्य प्राप्ति के लिए अधिक-से-अधिक सक्रिय बने रहेंगे। अतः आपके पास जितना भी समय हो, अपने प्रतिष्ठान के हित में उसका सदुपयोग करें। इससे न केवल आपको आत्म संतुष्टि मिलेगी, बल्कि आप अधिकारियों से प्रतिष्ठा भी पा सकेंगे। अपने कामकाजी जीवन में कभी भी यह बात मन में न लाएं कि कोई आपके कार्य का मूल्यांकन करने वाला नहीं। कार्य का मूल्यांकन हमेशा होता रहता है। उससे लाभ भी समय-समय पर मिलते हैं। इसलिए लक्ष्य के प्रति समर्पित भाव से जुड़ें। भले ही आपको प्रत्यक्ष लाभ देर से मिले, लेकिन अप्रत्यक्ष लाभ तो तुरंत मिलते हैं। समय पर आपका उल्लेख करते हैं। आपको अपना आदर्श मानते हैं। प्रतिष्ठान अथवा संस्थान में आपका नाम होता है। आप चाहे साधारण कर्मचारी ही क्यों न हों, कार्य के प्रति निष्ठा आपको नई ऊंचाइयों तक ले जाती है। इस संदर्भ में केवल इतना ही ध्यान रखें कि आपकी कथनी और करनी में अंतर न आने पाए। बोलें कम और काम ज्यादा करें। साथ ही काम करते समय बाहरी दुनिया का भी ध्यान रखें। मुख्य धारा से जुड़कर चलें।

सरल बनें : आकर्षक और प्रभावी व्यक्तित्व के लिए यह भी आवश्यक है कि आप सरल बनें। अपने-आप को दूसरों से श्रेष्ठ, विशिष्ट और अलग न समझें। इस प्रकार की सोच आपको घमंडी बना देगी, इसलिए अपनी विशिष्टता पर इतराना आपको अपनों से ही दूर कर देगा। इस प्रकार की दूरियां आपकी प्रगति में बाधक सिद्ध हो सकती हैं। अतः आप अपने सगे-संबंधियों, स्वजनों और परिचय क्षेत्र के लोगों की पहुंच में बने रहें। लोगों की सामाजिक अपेक्षाएं जानें। ऐसे जन प्रतिनिधि हमेशा चुनाव में विजयी होते हैं, जो हमेशा लोगों के बीच उपलब्ध रहते हैं। काम भले ही न हो, लेकिन लोगों को यह विश्वास तो होता है कि वे उनके साथ हैं। आशय यह है कि यदि आप अपनी योग्यता, प्रतिभा के कारण दूसरों से अलग हो जाएंगे, तो वे आपकी इस सफलता से अछूते रह जाएंगे, फिर वे आपकी योग्यता को कोई महत्त्व नहीं देंगे।

आपकी योग्यता, प्रतिभा, सफलता तभी तक मानी जाएगी, जब तक लोग इसका लाभ उठाते रहेंगे। उनकी इस चाहत, इच्छा का सम्मान करें और अपने परिचय क्षेत्र के लोगों को अपने प्रभाव का लाभ दें। इस प्रकार का लाभ देकर ही आप

उनके लिए 'अच्छे' बन सकते हैं। लोग आपकी इस अच्छाई को बहुत दिनों तक याद रखेंगे। आपके व्यक्तित्व की यह सुगंध ही आपकी सफलता का फल है, इसलिए लोगों की इस अपेक्षा को अवश्य पूरा करें।

सस्ती लोकप्रियता प्राप्त करने के लिए झूठ बोलना, झूठे वायदे करना, आश्वासन देकर पूरा न करना आदि कुछ ऐसे व्यवहार हैं, जो व्यक्तित्व विकास पर प्रतिकूल प्रभाव डालते हैं। आपके व्यक्तित्व पर प्रश्न-चिह्न लगाते हैं। अतः ऐसे व्यवहारों से बचें। स्पष्टवादी बनें। इससे भले ही एक बार कोई आपकी बात का बुरा माने, लेकिन आप अपनी ओर से हमेशा मानसिक रूप से तनावमुक्त बने रहेंगे। अतः अपनी क्षमता, सीमा और सामर्थ्य के बाहर किसी को कोई आश्वासन न दें। झूठ न बोलें।

अंत में एक छोटी-सी मधुर मुस्कान आपके व्यक्तित्व को आकर्षक बनाती है। संपर्क में आने वाले प्रत्येक व्यक्ति से निर्मल और निश्छल होकर, मुस्कराकर बात करें। उसके मन का बोझ कम करें। आप जहां भी हैं, मधुर, दिलकश मुस्कान के साथ उससे बात करें। उसकी अपेक्षाएं जानें और उसमें यथाशक्ति सहयोग दें। इस विषय में हमेशा इस व्यवहार को प्रतिष्ठा दें कि आप भले ही किसी को गुड़ न दें, लेकिन गुड़ जैसी बात तो करें। परिवार, समाज और प्रतिष्ठान में आप सबके लिए हैं, सब आपके हो जाएंगे। क्या इतना आकर्षक व्यक्तित्व पाकर भी आप प्रसन्न न होंगे ? इस प्रकार का व्यक्तित्व आपको सफलता की नई ऊंचाइयों तक पहुंचा देगा। बस, इस विषय में हमेशा चिंतनशील बने रहें। सच तो यह है कि व्यक्तित्व का आकर्षण वह चुंबक है, जिसका प्रभाव सब पर पड़ता है। स्वयं परिवार के सदस्य भी चाहते हैं कि उससे संबंधित प्रत्येक सदस्य सुंदर, आकर्षक और सजीला हो। पत्नी पति पर, पति पत्नी पर, मां बेटे पर, बहू सास पर, सास बहू पर गर्व करती है, जब वह अपने इन निकट संबंधियों के व्यक्तित्व में कुछ विशेषता देखती है।

❑❑❑

दिल खोलकर हंसें

- जिस प्रकार से नाली की सफाई पानी से होती है, उसी प्रकार से हंसने से मन का अवसाद, तनाव, उदासी दूर होते हैं।
- हंसता-मुस्कराता चेहरा निरोग व्यक्तित्व का प्रतीक है।
- हंसना जीवन का सौरभ है, जीवन का आनंद है।

कहते हैं कि डॉक्टर सैम्पसन के पास एक गंभीर रोगी लाया गया। रोगी का गहन परीक्षण करने के बाद डॉक्टर ने मरीज से हंसने के लिए कहा। रोगी डॉक्टर के निर्देश पर हंसा। डॉक्टर ने आश्वस्त होकर रोगी के साथ आए व्यक्तियों से कहा, ''चिंता की कोई बात नहीं, रोगी में अभी हंसने की क्षमता है, वह ठीक हो जाएगा।''

डॉक्टर की चिकित्सा का प्रभाव था या फिर रोगी का आत्मविश्वास, शीघ्र ही रोगी पर चिकित्सा का प्रभाव होने लगा और वह स्वस्थ हो गया।

आशय यह है कि जिस व्यक्ति में हंसने की इच्छा शेष है, क्षमता है, ललक है, उसमें जीवन के प्रति पर्याप्त स्नेह है। हंसी, आनंद की एक ऐसी अनुभूति है, जो समाज के सभी पक्षों को आनंदित करती है। इस विषय में प्रसिद्ध विचारक स्टर्न का मत है कि ''मुझे विश्वास है कि प्रत्येक व्यक्ति जब हंसता है, मुस्कराता है, तो वह अपनी हंसी के साथ-साथ अपने जीवन में भी वृद्धि करता है।''

हंसना एक प्रकार से जीवन की इच्छा है। हंसकर व्यक्ति न केवल दीर्घ आयु को प्राप्त करता है, बल्कि जीवन के लक्ष्यों को भी प्राप्त करता है। इस प्रकार की बात इस सत्य को प्रमाणित करती है कि हंसने से व्यक्ति तनावमुक्त रहता

है और इस प्रकार से वह जीवन में निरोग, स्वस्थ और सुंदर बनता है। हंसने से व्यक्ति शारीरिक और मानसिक दोनों तरह से ही स्वस्थ रहता है।

"सुबह-सुबह यदि किसी मनहूस का चेहरा देख लो, तो दिन भर खाना भी नसीब नहीं होता" जैसी मानसिक सोच कुछ ऐसे लोगों के बारे में ही है, जो कभी हंसना नहीं जानते। व्यक्ति चाहे किसी भी प्रकार के अवसादी मूड में बैठा हो, यदि उसके सामने किसी रूप में हंसी परोसी जाए, तो उसका प्रभाव उस पर अवश्य ही पड़ता है। थोड़ी देर के लिए ही सही, लेकिन हंसी का प्रभाव हमारी सोच पर पड़ता अवश्य है। इस प्रभाव के कारण ही हम अपने गमों को भूल जाते हैं।

हंसते हुए नूरानी चेहरे पर फैली मधुर मुस्कराहट हमारे पूर्ण स्वस्थ और प्रसन्न होने का प्रमाण है, जिसे देखकर आपके संपर्क में आने वाला आपसे प्रभावित हुए बिना नहीं रहता। सामाजिक और पारिवारिक जीवन में भी आपने अनुभव किया होगा कि जब आप काम से थके, रात को घर लौटते हैं, तो बालक की भोली मुस्कान आपकी गोद में आने के लिए मचल उठती है। ऐसे बच्चे की भोली चितवन देख, आपकी सारी थकान खत्म हो जाती है और आप बच्चे को गोद में लेकर उसे जो आत्मीय स्नेह, प्यार-दुलार देते हैं, उससे आपके सारे मानसिक थकान, तनाव और मन का बोझ समाप्त हो जाते हैं। वास्तव में यह उस हंसी का ही प्रभाव है, जो हमें एक-दूसरे से जोड़ती है, मन की निराशा, नीरसता और उदासी को दूर करती है। हंसी का प्रभाव सभी व्यक्तियों पर पड़ता है। बच्चों की सरलता और तोतली बोली और विनोदप्रिय क्रियाएं तो पत्थर दिल वाले व्यक्तियों को भी प्रभावित किए बिना नहीं रहती।

हंसी का वैज्ञानिक प्रभाव : चेहरे पर आई मुस्कराहट मन की मलिनता, दुख और अवसादों को अधिक देर तक मन में नहीं ठहरने देती। चिकित्सा विज्ञान के आधुनिक विशेषज्ञों का मत है कि मनोविकारों के कारण मन में उपजी विकृतियां और रुग्ण सोच के कारण मनुष्य के शरीर में जो भावनात्मक दोष (ईर्ष्या, क्रोध, मानसिक तनाव, उत्तेजना, निराशा, उदासी, प्रतिशोध की भावनाएं आदि) आ जाते हैं, उनका शोधन हंसने से हो सकता है। वास्तव में हंसना इस विषय में एक चमत्कारी उपाय है, एक वैज्ञानिक सिद्ध उपयोग है।

योगशास्त्रियों का मत है कि हंसने से खून साफ होता है, उम्र बढ़ती है। चेहरे पर कांति आती है, बुद्धि का विकास होता है। आपने देखा होगा कि कुछ लोग प्रातःकालीन भ्रमण के बाद पार्क अथवा एकांत स्थान में बैठकर या खड़े होकर दिल खोलकर हंसते हैं (भले ही उनकी हंसी बनावटी ही क्यों न हो) अथवा हैल्थ क्लबों में जाकर हंसने का अभ्यास करते हैं। योग में भी हंसने के लिए कहा

जाता है। चुटकुले सुनने-सुनाने की प्रतियोगिताएं आयोजित की जाती हैं। चिकित्सकों का मत है कि हंसने से शरीर के स्नायु तंत्र, नसें, मांसपेशियां शिथिल होकर सामान्य क्रिया करने लगती हैं। शरीर की विभिन्न अंतःस्रावी ग्रंथियां सक्रिय होकर पर्याप्त स्राव करने लगती हैं। फेफड़ों में रक्त-संचार की गति को बल मिलता है। श्वास-नलिका भी स्वस्थ्य और निरोग होकर सामान्य गति से क्रिया करने लगती है। शरीर में प्राणवायु (ऑक्सीजन) ग्रहण करने की क्षमता बढ़ जाती है। रक्त-शुद्धि सामान्य गति से होने लगती है। शरीर तंदुरुस्त और मांसपेशियां पुष्ट होने लगती हैं। आपने अपने सामाजिक और पारिवारिक परिवेश में चुप, उदास और एकाकी रूप में बैठे लोगों के बारे में लोगों को यह कहते सुना होगा—क्या मनहूस सूरत लिए बैठे रहते हो, जरा हंसना-बोलना सीखो। हंसने में तुम्हारा कौन-सा 'रोकड़ा' खर्च होता है।

पति-पत्नी की चुहलबाजी, हंसी-मजाक उनके दांपत्य संबंधों में सरसता-मधुरता और निकटता लाती है।

सफलता प्राप्ति अथवा लक्ष्य प्राप्ति के मार्ग में आने वाली बाधाएं, असफलताएं, मन में आने वाली निराशा, उदासी, खिन्नता, तनाव आदि को दूर करने के लिए जरूरी है कि हम हंस-हंसकर इनका सामना करें। हंसने से न केवल मन की निराशा कम होती है, बल्कि असफलताएं भी निष्प्रभावी होने लगती हैं। संक्षेप में इतना समझ लें कि हंसता, मुस्कराता हुआ चेहरा आपके सुखी, प्रसन्न, प्रगतिशील, उत्साही और योग्य होने का परिचायक है। आपके आकर्षक व्यक्तित्व का एक अंग है। आपकी मधुर चितवन आपकी सफलता की गारंटी है।

सामान्य हंसी हंसकर दूसरों की प्रसन्नता, हंसी-खुशी, उपलब्धियों, सफलताओं में बराबरी के भागीदार बनें। हंसकर, प्रसन्न होकर दूसरों का अभिवादन करें। अभिवादन स्वीकारें। अभिवादन के इस व्यवहार में आपके चेहरे से यह विदित होना चाहिए कि आप उनका स्वागत खुले दिल से कर रहे हैं। आपको उनकी सफलता पर प्रसन्नता है। आपकी मुस्कान सहज, सरल, स्वाभाविक, स्निग्ध होनी चाहिए, कुटिल, भेदभाव वाली मुस्कान नहीं। इस प्रकार की मुस्कान आपको एक-दूसरे से जोड़ेगी, आपके मन की निर्मलता को प्रकट करेगी। सफलता के लिए आवश्यक है कि अपना सामाजिक परिवेश हमेशा हलका, तनाव रहित, प्रसन्न बनाएं। हंसी-मजाक का कोई भी अवसर हाथ से न निकलने दें। ध्यान रखें, शिष्ट और मर्यादित हंसी ही आपको प्रतिष्ठा दिलाती है।

ऐसी हंसी न हंसें : हंसना जहां स्वास्थ्य और सफलता के लिए आवश्यक है, वहीं अधिक हंसना, बिना किसी कारण के हंसना, बात-बात में हंसना फूहड़ता, असभ्यता

और अशिष्टता की निशानी है। अतः व्यक्तित्व के इस आईने को कहीं भी मलिन न होने दें। ऐसा न हो कि आप स्वयं ही हंसी के पात्र बनकर रह जाएं। इसलिए इस विषय में हमेशा सतर्क, सावधान और गंभीर रहें।

अपनी बात पर स्वयं ही हंसना, बेमतलब हंसना, दूसरों की हंसी उड़ाने के लिए हंसना, स्वयं उसमें हिस्सेदारी करना, दूसरों की कमजोरियों, हीनताओं, दोषों पर हंसना, दूसरों को नीचा दिखाने के लिए हंसना आदि ऐसे आचरण हैं, जो असभ्य व्यवहार तो हैं ही, साथ ही शिष्टाचार के भी विपरीत हैं। ऐसे लोगों की सामाजिक प्रतिष्ठा कम हो जाती है। समाज में ऐसे लोगों को 'असामान्य' समझा जाता है। कभी-कभी तो ऐसे लोगों को बड़ी मुश्किलों का सामना करना पड़ जाता है। आशय यह है कि अच्छे स्वास्थ्य और शिष्टाचार के लिए यह जरूरी है कि हमारी हंसी मर्यादित और संयत हो।

"अरे मामी! क्या बताऊं, बात ही कुछ ऐसी है कि तुम सुनोगी तो हंस-हंसकर लोट-पोट हो जाओगी...।" कहना और फिर बिना बात ही हंसते रहना उचित व्यवहार नहीं है। अच्छा व्यवहार तो यह है कि आप जो बात करें, कहें, उससे भले ही दूसरे हंसें, आपको बिल्कुल हंसी न आए, अगर बात हंसी की है, तो केवल मुस्कराना ही पर्याप्त है। इस प्रकार की बातचीत दूसरों पर अच्छा प्रभाव डालेगी और आपकी बात का वजन भी बना रहेगा। अपनी बातचीत पद की गरिमा के अनुकूल बनाए रखें। यदि कभी कोई ऐसी बात हो गई है, जो न चाहते हुए आपके मुंह से निकल गई है, तो ऐसी बात को हंसी का एक खूबसूरत मोड़ देकर टालने का प्रयास करें। अच्छी बातचीत तो यही होगी कि आप कामकाज के दौरान हंसी-मजाक ही न करें। कभी-कभी कुछ लोग मजाक के नाम पर अपनी कुत्सित भावनाओं और विचारों की अभिव्यक्ति करते हैं। ऐसे लोगों की मानसिकता को समझें। कामकाजी जीवन में अनावश्यक रूप से हंसना, हाथ नचा-नचाकर, जोर-जोर से अट्टहास करना, अधूरी बात कहकर ही हंस देना उचित नहीं। कभी-कभी कुछ लोग "मुझे तो ऐसे लोगों की बातों पर हंसी आती है..." कहकर बिना बात के ही हंसने लगते हैं। इस प्रकार की हंसी आपको प्रतिष्ठा नहीं दिला सकती। आप जो भी कहना चाहें, उसे संयत, संतुलित होकर कहें और फिर अगर कोई हंसी की बात है, तो वह अपना प्रभाव स्वयं दिखाएगी। हंसी-मजाक का भी अवसर होता है। हमेशा हंसी-मजाक करते रहने से आपकी प्रतिष्ठा कम होगी। यदि किसी मरीज का ऑपरेशन हो रहा हो और आप ऑपरेशन थियेटर के बाहर बैठकर हंसी-मजाक कर रहे हों, तो कौन आपको अच्छा कहेगा। अतः दुख के अवसर पर हंसी-मजाक की बातें भूलकर भी न करें।

चोरी छिपे न हंसें : जहां व्यंग्यात्मक हंसी आपके लिए उचित नहीं, वहीं चोरी छिपे हंसना भी अच्छा नहीं। खासकर लड़कियों के लिए इस प्रकार का आचरण ''गले में फंसी हुई हड्डी'' भी बन सकता है। ऐसी हंसी महिलाओं को विवाद का केंद्र भी बना सकती है। अनावश्यक रूप से लोग ऐसी महिलाओं के बारे में गलत सोचने लगते हैं। इसलिए अपनी इस प्रकार की हंसी पर नियंत्रण रखें। आंखें मन की बात को बिना बोले ही व्यक्त कर देती हैं। इसलिए ऐसी बातों, व्यवहारों और हंसी का मूल्यांकन आप अपने स्तर पर ही करें और बात का बतंगड़ बनने से रोकें।

हंसी में व्यंग्य न कसें : हंसी-हंसी में व्यंग्य कसना, ताने मारना, जली-कटी सुनाना भी हंसी का दुरुपयोग है। इस विषय में ध्यान रखें कि बड़े-से-बड़े शस्त्र का घाव समय के साथ भर जाता है, लेकिन बात (व्यंग्य अथवा ताने) का घाव कभी नहीं भरता। इसलिए मजाक के बहाने व्यंग्य अथवा ताने मार कर अपने संबंधों में स्थाई कटुता न लाएं। अपने हास्य को भी मधुरता, शिष्टता और शालीनता का आवरण दें, ताकि वह दूसरों की भावनाओं को आहत न करे।

घनिष्ठ संबंधों में हंसी को मर्यादित रखें : परिवार और कामकाजी जीवन में मजाक की सीमाएं जानें। देवर के साथ, भाभी के साथ, साली के साथ, सहकर्मी महिला के साथ, अधीनस्थ महिला कर्मचारी के साथ, निजी सचिव के साथ, महिला अथवा पुरुष मित्र के साथ हंसी-मजाक की सीमाओं का उल्लंघन कभी न करें। इनके साथ मजाक की सीमाओं का उल्लंघन न केवल हमें दूसरों की दृष्टि में संदेह का पात्र बनाता है, बल्कि हम लोगों की सवालिया नजरों के भी शिकार होते हैं। इस प्रकार के संबंधों में अविश्वास भी शीघ्र ही पैदा होने लगता है। पति-पत्नी को भी ऐसे संबंधों में दाल में कुछ काला दिखाई देने लगता है। वास्तव में ऐसे मजाक के व्यवहार ही अवैध संबंधों में बदलने लगते हैं, जो पारिवारिक जीवन में तनाव और बिखराव का कारण बनते हैं। अतः इस विषय में पहले से ही सावधानी बरतें। आपके आपसी व्यवहारों में इतनी पारदर्शिता होनी चाहिए कि अविश्वास के अंकुर पैदा ही न हों। सामाजिक जीवन में लोग भी कहते हैं कि रोग का कारण खांसी और लड़ाई का कारण हंसी। अतः हंसी को समस्या न बनने दें। हंसी और हंसने के इस व्यवहार को लोग किस अर्थ में लेंगे, इसकी सत्यता को जानने का प्रयास न करें। आप तो अपने सामाजिक, पारिवारिक और कामकाजी जीवन में अपनी मुस्कराहटों को शालीनता और गरिमा दें। संबंधों की पवित्रता को मान्यता दें।

❏❏❏

दांपत्य जीवन को सरस बनाएं

- जिस कुल में अपमानादि के कारण कुल बधुएं शोकाकुल रहती हैं, वह कुल शीघ्र ही नष्ट हो जाता है।
- जहां नारी की पूजा होती है, वहां देवताओं का वास होता है।
- हमारा संपूर्ण पारिवारिक जीवन प्रकृति के नियमों से बंधा है, जो इन नियमों का सम्मान करते हैं, वे ही दांपत्य जीवन की सरसता अनुभव करते हैं।
- घर में ही स्वर्ग और नर्क अनुभव किए जा सकते हैं।

विद्वानों ने चार प्रकार के सांसारिक सुख माने हैं—निरोगी काया, सुखी दांपत्य जीवन, सुयोग्य संतान और अपेक्षित धन-संपत्ति। गौर से देखा जाए तो सुखी और सफल दांपत्य जीवन ही सब सुखों का मूल है। स्नेहिल और सौहार्दपूर्ण पारिवारिक वातावरण न केवल व्यक्ति को शारीरिक रूप से स्वस्थ बनाता है, बल्कि उसे मानसिक रूप से भी विचारवान, चिंतनशील और व्यावहारिक सोच वाला बनाता है। कुशल गृहिणी के रूप में सुघड़ पत्नी दांपत्य जीवन में मधुरता लाने के नित्य नए स्रोत स्थापित करती है। इस दृष्टि से समझदार पति-पत्नी परिवार को सभी प्रकार से सुखी और संपन्न बना सकते हैं। इसलिए स्नेहिल दांपत्य जीवन को यदि सभी सुखों की जननी कहा जाए, तो अतिशयोक्ति न होगी।

दांपत्य जीवन की शुरुआत विवाह से होती है। भारतीय संस्कृति के अनुसार विवाह एक धार्मिक संस्कार है। इस संस्कार को सामाजिक मान्यता देने के लिए इस विचार को अपनाया गया कि पत्नी-विहीन पुरुष को यज्ञ जैसे धार्मिक अनुष्ठान का अधिकार नहीं होता। इस विचार के पीछे एक ही भावना थी कि दांपत्य जीवन को सामाजिक स्वीकृति प्राप्त हो। दांपत्य जीवन को पवित्र और उदात्त संबंधों

के कारण धर्म-शास्त्रों से जोड़कर नैतिक आदर्शों से जोड़ा गया है। ऐसा कर पति-पत्नी के संबंधों को धार्मिक बंधन के रूप में मान्यता मिली। इस बंधन का उद्देश्य कहीं भी काम-वासना की तृप्ति नहीं माना गया। यही कारण है कि दांपत्य संबंधों को संसार के सभी धर्मों में किसी-न-किसी रूप में धार्मिक क्रिया से जोड़कर उसे सामाजिक प्रतिष्ठा प्रदान की गई।

विवाह एक सामाजिक समझौता है। इस समझौते के अनुसार पति-पत्नी एक-दूसरे में विश्वास व्यक्त कर, एक-दूसरे से निष्ठापूर्वक जुड़ते हैं। पति-पत्नी का यह जुड़ाव भारतीय लोक जीवन में शिव-पार्वती के रूप में देखा जाता है। पति-पत्नी के इन संबंधों को दांपत्य जीवन की मर्यादाओं से जोड़ा गया है। एक पत्नी मूलक इस आदर्श व्यवस्था का अपना एक महत्त्व है। पति-पत्नी एक-दूसरे को अंतःकरण से स्वीकार कर जब गृहस्थ जीवन में प्रवेश करते हैं, तो उनकी भावनाएं एक-दूसरे से ऐसे जुड़ जाती हैं कि उन्हें हमेशा एक-दूसरे का ख्याल रखना पड़ता है। इस प्रकार का ख्याल ही दांपत्य जीवन की सरसता को बढ़ाने वाला व्यवहार है। शायद इसीलिए विवाह संस्कार को दो आत्माओं के मिलन की संज्ञा दी जाती है।

वक्त के साथ-साथ पति-पत्नी के संबंधों में शिथिलता, आकर्षण में कमी, कुछ नीरसता, ऊब, ठंडापन और उदासीनता आने लगती है, जो स्वाभाविक और सामान्य व्यवहार है। इस व्यवहार का पति-पत्नी के मन पर कोई प्रभाव न पड़े, इसके प्रयास मन ही मन होते रहने चाहिए। इस प्रकार की सोच अपना कर आप अपने दांपत्य जीवन में कभी भी कोई कमी नहीं आने देंगे। जो पति-पत्नी हमेशा एक-दूसरे से शिकायतें, गिले-शिकवे करते रहते हैं, उनकी आंखों में दांपत्य जीवन की सरसता-तरलता सूखने लगती है। इसलिए यह बहुत आवश्यक है कि पति-पत्नी अवसर के अनुकूल एक-दूसरे को उपहार ला कर अपने संबंधों में हमेशा नवीनता बनाए रखें। दिल की बातें आपस में एकांत में बैठ कर करें। स्नेह के पौधों को अपने हाथों से लगाएं और उन्हें जीवन भर सींचते रहें। ऐसे दांपत्य संबंध हमेशा हरे, नवीन और सरस बने रहते हैं।

अपने पारिवारिक और दांपत्य जीवन में स्थाई उष्णता, सरसता और मधुरता लाने के लिए अपनी सोच और व्यवहार में कुछ परिवर्तन अवश्य लाएं। अपना मूल्यांकन अपने स्तर पर करके देखें। आप सहज में ही इस निष्कर्ष पर पहुंचेंगे कि आपके दांपत्य जीवन में यदि कहीं कुछ कमी है, तो उसके लिए दोषी आप ही हैं। आप चाहे पति हों अथवा पत्नी, इस संबंध में हमेशा इस बात का ध्यान रखें कि दोनों की ओर से समान रूप से पहल होनी चाहिए। सुखी दांपत्य जीवन का आधार परस्पर सोच, इच्छा और पहल है। इसलिए दांपत्य जीवन की इस दुपहिया गाड़ी

को बड़े संतुलन से चलाएं। पुरुष प्रधान सामाजिक व्यवस्था में आज भी पत्नी ही पुरुष को शक्ति प्रदान करती है। इसलिए इस सत्य को स्वीकारें कि दांपत्य जीवन की सरसता भोगवादी चिंतन से नहीं आ सकती। भावनाओं के अनेक पक्षों में पति-पत्नी को एक-दूसरे के सहारे की आवश्यकता होती है। दांपत्य संबंधों का पालन कर जहां आप अपने घर को स्वर्ग बना सकते हैं, वहीं अपने-आप को मानसिक तनाव तथा अनेक भयानक रोगों से सुरक्षित रख सकते हैं।

दांपत्य जीवन की सरसता के लिए एक-दूसरे की प्रशंसा करें : प्रशंसा भरी नजरें दांपत्य जीवन का 'टॉनिक' हैं। इस विषय में कुछ मनोवैज्ञानिकों का कथन है कि जहां पति-पत्नी एक-दूसरे को मानसिक रूप से संतुष्ट करते हैं, वहीं प्रशंसा-भरी नजरों से एक-दूसरे को अपनी इस संतुष्टि का अहसास भी कराते हैं। दांपत्य जीवन में मधुरता लाने में प्रशंसा का वही स्थान है, जो मशीन में चिकनाई (लुब्रीकेंट्स) का होता है। प्रशंसा से तात्पर्य किसी प्रकार की झूठी तारीफ, चमचागीरी, खुशामद अथवा लल्लो-चप्पो करना नहीं। प्रशंसा तो पति-पत्नी का मनोवैज्ञानिक व्यवहार है, जो मुंह की अपेक्षा आंखों से भी व्यक्त हो सकता है। विशेषकर पत्नी तो पति से अपनी प्रशंसा की हमेशा इच्छुक रहती है। पत्नी की इस मनोवैज्ञानिक इच्छा को जानें और उसे इसी नजर से देखें। चाहे पत्नी का नया पहनावा हो अथवा बनाव-शृंगार, भोजन हो अथवा अन्य कोई कार्य, प्रशंसा करने का कोई भी अवसर हाथ से न जाने दें। परिवार के सामाजिक उत्सवों पर, मेहमानों और परिचितों के सामने पत्नी को सम्मान-सूचक संबोधन दें। "तू", "तुम", "तेरा" जैसे शब्दों का प्रयोग न करें। पत्नी पर "हुक्म चलाने" की सोच मन में कभी न लाएं। इससे दांपत्य संबंधों में टकराहट आएगी और आपके दांपत्य संबंधों में दूरियां बढ़ेंगी। इसी प्रकार से पत्नी को भी इस सत्य को समझना चाहिए कि पति की उपेक्षा कर दांपत्य संबंधों में उष्णता नहीं आ सकती। अतः वह अपने सपनों के "ही मैन" को पति में ही तलाशें।

प्रेम की भावना को प्रोत्साहित करें : हर व्यक्ति की सफलता के पीछे कोई न कोई औरत होती है। वह औरत अगर पत्नी हो, तो दांपत्य जीवन में सरसता और भी बढ़ सकती है। इसलिए इन संबंधों को प्यार से जोड़ें। पत्नी, पति का प्यार पाकर ही अपनी सामाजिक, पारिवारिक, नैतिक और धार्मिक जिम्मेदारियों का निर्वाह करती है। पति-पत्नी का प्यार-भरा व्यवहार, वह चाहे आंखों की आसक्ति का ही क्यों न हो, समानता और वैचारिक एकता के आधार पर फलता-फूलता है। इसलिए एक-दूसरे की इच्छाओं को सकारात्मक अभिव्यक्ति देकर प्यार की अनुभूति कराएं। पति-पत्नी जब बातचीत करें, तो उसमें प्यार, दुलार, स्नेह और

अपनेपन की झलक हो। इससे उनके मन में एक-दूसरे के लिए आसक्ति भाव जागृत होगा। रूप-यौवन का प्यार तो आयु के साथ कम होता जाता है, लेकिन पति-पत्नी का परस्पर आकर्षण उम्र के साथ-साथ बढ़ता है। प्यार का यह अहसास ही दांपत्य संबंधों की सरसता है। इसलिए यौन-आसक्ति को प्यार से परिभाषित न करें। यौन-संबंध तो दांपत्य जीवन का एक पक्ष है, प्यार इन संबंधों से बढ़कर है। प्यार का आकर्षण ही पति-पत्नी को एक-दूसरे से मन से जोड़ता है। आशय यह है कि पति-पत्नी के प्रेम-संबंध शारीरिक कम और भावनात्मक अधिक होते हैं, इसीलिए स्थाई होते हैं। यह प्रेम ही एक-दूसरे को सेवा के लिए प्रेरित करता है। विवाह के बाद से ही पति-पत्नी के दुख-सुख, इच्छाएं, अपेक्षाएं एक हो जाती हैं, जो दांपत्य जीवन को समझने के लिए काफी है। जो इन प्यार-भरी भावनाओं को नहीं समझ पाते, उनमें स्नेह के स्रोत सूखने लगते हैं, इसलिए पति-पत्नी को चाहिए कि वे इन भावनाओं को हृदय की गहराइयों तक समझें और दांपत्य जीवन के पौधे को इन भावनाओं से सींच-सींचकर हमेशा हरा-भरा बनाए रखें।

समाजशास्त्रियों का मत है कि पति-पत्नी का यह प्यार प्रेमी-प्रेमिका के प्यार जैसा होना चाहिए। जिस तरह से प्रेमी अपनी प्रेमिका के लिए हमेशा उत्सुक बना रहता है, उसे देख लेने भर से उसे सुख की अनुभूति होती है, उससे बातें कर वह संतुष्ट होता है, उसे उपहार देकर हमेशा प्रसन्न रखने की सोचता है, ठीक उसी प्रकार का व्यवहार पति-पत्नी में होना चाहिए, बल्कि उससे भी अधिक, क्योंकि पत्नी परिवार की वस्तु स्थिति को समझकर पति से प्यार करती है। उसकी सोच हमेशा परिवार हित में होती है। परिवार के प्रति पत्नी की दूरदर्शी सोच परिवार को सभी प्रकार के अनिष्ट से बचाती है।

पति-पत्नी के प्यार की कोई सीमा नहीं। भविष्य के प्रति जागरूकता उसके प्यार की एक ऐसी सोच है, जो उसे मर्यादाओं में रहना सिखाती है। दांपत्य संबंधों का यह प्यार एक-दूसरे की आंखों में उमड़ता है। वह कठिन और विषम परिस्थितियों का सामना बड़े धैर्य, साहस और विवेक के साथ करते-कराते हैं। जीवन में आई इन विषम परिस्थितियों में पति-पत्नी एक-दूसरे का तभी साथ देते हैं, जब उन्हें अपने प्यार पर विश्वास होता है। तनाव रहित जीवन की सरसता के लिए आवश्यक है कि पति-पत्नी आपस में इसी प्यार और विश्वास के सहारे जुड़ें। सच्चे अर्थों में यही दांपत्य जीवन का सुख है, जीवन की सार्थकता है। सीता का राम के साथ वन प्रस्थान करना इस सत्य को चरितार्थ करता है।

एक-दूसरे को मन से स्वीकारें : अहं अथवा दंभ, अपने-आप को एक-दूसरे से 'सुपर' समझने की सोच दांपत्य संबंधों को दीमक की तरह खोखला कर देती है। माधुर्य को सुखाकर दांपत्य जीवन को नीरस बना देती है। इससे बचने का सबसे सरल उपाय यह है कि पति-पत्नी एक-दूसरे के अभिमान को सुरक्षित रखते हुए एक-दूसरे से मन से जुड़ें। मन से जुड़ने का आशय यह है कि पति-पत्नी संयुक्त रूप से पारिवारिक दायित्वों का निर्वाह करते हुए एक-दूसरे का समर्पित भाव से सहयोग करें। पारिवारिक अपेक्षाओं को जानें, समझें और उन्हें पूरा करें। घर को बनाने, सजाने-संवारने की सोच पालें। घर के लिए उपयोगी सामान खरीदने की योजनाएं बनाएं। इस प्रकार की योजनाओं में एक-दूसरे की रुचि को जानें। बात चाहे मायके पक्ष की हो अथवा ससुराल पक्ष की, सोच-समझ कर निर्णय लें। ऐसे क्षणों में एक-दूसरे को धर्मसंकट में न डालें। पति-पत्नी एक-दूसरे की आर्थिक आवश्यकताओं को जानें, समझें और उन्हें अपने स्तर पर पूरा करें। घर में आने वाली कमाई, वह चाहे पति की हो अथवा पत्नी की, दोनों अपना-अपना अधिकार समझकर गर्व करें। इस अधिकार को कहीं भी चुनौती न दें। सुनिश्चित और सुरक्षित भविष्य के लिए इतना अवश्य बचाएं कि दोनों को कभी हीनता का सामना न करना पड़े। इस बचत को दोनों के नाम संयुक्त खाते में जमा करें। पत्नी चाहे कितनी भी मेधावी, प्रतिभावान, योग्य, सुंदर क्यों न हो, उसकी प्रतिष्ठा तभी तक सुरक्षित है, जब तक वह परिवार एवं पति से जुड़ी रहती है। पति के सहयोग के बिना महिलाओं की जिंदगी घड़ी के पैंडुलम की तरह होती है। इस सत्य को स्वीकारें कि जीवन में धन, पद, प्रभाव तभी सुख और संतोष दे सकते हैं, जब आप समाज से जुड़े रहते हैं, परिवार से जुड़े रहते हैं। पारिवारिक अपेक्षाओं की उपेक्षा कर आपको कभी सकून नहीं मिलता। ठीक उसी प्रकार जैसे ओस चाटने से प्यास नहीं बुझती। अतः आप चाहे पति हों अथवा पत्नी, एक-दूसरे के प्रति निष्ठावान होकर जुड़ें और घर में ही अपनी-अपनी खुशियां तलाश करें। खुशियों के छोटे-छोटे क्षणों को भी साथ-साथ भोगें। कभी भी, किसी भी क्षण के लिए एक-दूसरे को 'इग्नोर' न करें।

तड़क-भड़क, फैशन, ग्लैमर, भोग की कोई सीमा नहीं, जबकि सादगी अपने-आप में हर स्तर पर पूर्ण होती है। अतः सादगी से रहना सीखें। भोग और विलासिता के स्थान पर कलात्मक अभिरुचि विकसित करें। इसी में दांपत्य जीवन की मधुरता है, सरसता है। सफलताओं का आनंद उठा सकते हैं।

दूरियां बढ़ाए नजदीकियां : व्यक्ति का महत्त्व तभी समझ में आता है, जब वह पास नहीं होता। वैसे भी जो सुलभ होता है, उसका कोई महत्त्व नहीं समझता।

कुछ इसी प्रकार की सत्यता का अहसास हमें तब होता है, जब पति अथवा पत्नी कुछ दिनों के लिए दूर हो जाते हैं। मिलन की इच्छा में हमारा एक-एक दिन एक-एक वर्ष के समान व्यतीत होता है। इसलिए पति-पत्नी कुछ दिनों की दूरी अथवा विछोह को बड़ी प्रसन्नता और उत्साहपूर्ण मन से स्वीकारें। इंतजार के बाद मिलन का संयोग हमेशा सुखद, मधुर और स्निग्ध होता है।

देखने-सुनने में यह बात भले ही कुछ विरोधाभासी, कुछ विपरीत सोच वाली लगती है कि इस प्रकार की दूरियां दांपत्य संबंधों में नजदीकियां कैसे ला सकती हैं, लेकिन यह एक मनोवैज्ञानिक सत्य है, यथार्थ है, जीवन की खुली सच्चाई है। सामाजिक और पारिवारिक व्यवस्था का आधार है, दांपत्य संबंधों में निकटता लाने का एक सिद्धांत है, आदर्श जीवन यापन की खुली सोच है। कुछ दिनों की यह दूरी परस्पर आकर्षण को बनाए रखती है, इसलिए कुछ दिनों के लिए एक-दूसरे से दूर रहना सीखें। इससे जहां पति-पत्नी में आकर्षण और लगाव बना रहेगा, वहीं दोनों के दिल में एक-दूसरे के लिए 'कसक' अथवा 'तड़फन' बनी रहेगी। यह तड़फन ही एक-दूसरे की आंखों में दांपत्य संबंधों की ताजगी और उष्णता को बनाए रखेगी।

थोड़े दिनों के इंतजार के बाद मिलन तो होता ही है, मगर दांपत्य संबंधों में ये दूरियां एक मिठास भर देती हैं। अतः दूरियों के रहस्यों को समझें और इनसे दांपत्य संबंधों में नए फूल खिलाएं। एक लंबे इंतजार के बाद मिलन में जो उष्णता और ताजगी आप अनुभव करेंगे, उसका अहसास पति-पत्नी को भी कराएं। अंतरंग संबंधों के इस सच को अपनाकर देखें, सच्चाई खुद सामने आने लगेगी।

एक-दूसरे के साथ अंतरंग आत्मीयता से जुड़ें : वैवाहिक जीवन का आधार पति-पत्नी का प्रेम व्यवहार है। इस व्यवहार को प्रेम-क्रीड़ा या शारीरिक संसर्ग की संज्ञा दी गई है। दो शरीरों के इस संसर्ग में स्त्री और पुरुष दोनों एक-दूसरे के अंगों को देखने-भोगने से अनुपम आनंद की अनुभूति प्राप्त करते हैं, स्वयं को मानसिक रूप से संतुष्ट अनुभव करते हैं। इसके लिए प्रकृति ने दोनों की शरीर रचना में विशेष व्यवस्था की है। शारीरिक संसर्ग वैवाहिक जीवन की पूर्णता का मुख्य आधार है, सुखी और समृद्ध दांपत्य जीवन की एक अनिवार्य आवश्यकता है। समर्पण के इस व्यवहार को पति-पत्नी अंतरंग भावों से जोड़ें, इस व्यवहार की पूर्ति के लिए एक-दूसरे की इच्छाओं का सम्मान कर यौन क्रियाओं में बराबर के भागीदार बनें। पति-पत्नी का परस्पर यौन संतुष्टि प्राप्त करना नैसर्गिक अधिकार भी है। इस अधिकार को समर्पण और अंतरंगता की उस सीमा तक मान्यता दें, जहां

दोनों का जीवन प्रसन्न, प्रफुल्ल, उत्साही और क्रियाशील बना रहे। यौन संतुष्टि का यह अहसास ही पति-पत्नी को जीवन के अन्य क्षेत्र में सफलता प्रदान करता है। वास्तव में यह एक निरंतर बनी रहने वाली इच्छा होती है। इस इच्छा की पूर्ति के बाद ही पति-पत्नी अपने-आप को तनावमुक्त, प्रसन्न तथा संतुष्ट अनुभव करते हैं, इसलिए परस्पर संबंधों की इस अंतरंगता-भरी सोच के प्रति किसी भी स्तर पर उदासीनता न बरतें और एक-दूसरे को तृप्ति और सुख का अहसास कराएं। यौन संबंधों का यह व्यवहार पति-पत्नी का नितांत निजी मामला है। अतः इसमें किसी प्रकार का संकोच, शर्म, भय अथवा हीनता मन में न लाकर एक-दूसरे की इच्छाओं की पूर्ति करें। यौन संतुष्टि के अभाव में पति-पत्नी दोनों एक-दूसरे से खिंचे-खिंचे से तनावग्रस्त, चिड़चिड़े-से बने रहते हैं, किसी काम में मन नहीं लगता है। क्रोध, खीज और बात-बात में उत्तेजित हो जाना आदत बन जाती है, जीवन के प्रति नैराश्य-भाव बहुत अंदर तक उदास बनाए रखता है। इसलिए पति-पत्नी को इन संबंधों के प्रति विशेष सतर्कता बरतनी चाहिए। पति-पत्नी को इस सत्य को स्वीकारना चाहिए कि अतृप्त यौन इच्छाएं अभिशाप बन सकती हैं। पति अथवा पत्नी को गुमराह कर सकती हैं। एक-दूसरे पर 'शुष्क', 'सुस्त', 'कोल्ड', 'सिली', 'नीरस', 'बुझी हुई' होने का आरोप जीवन की मिठास को छीन सकता है, इसलिए अंतरंग संबंधों में कहीं कोई कमी न आने दें। जो दंपती आपस में प्रेम क्रीड़ाओं के इन व्यवहारों से वंचित रहते हैं, उनमें मन-मुटाव पैदा होने लगते हैं, और यही मन-मुटाव दांपत्य जीवन में बिखराव के कारण बनते हैं। ध्यान रखें, भूलकर भी अंतरंग संबंधों के साथ विश्वासघात न करें, क्योंकि परस्पर का यह अविश्वास कोई भी किसी भी स्तर पर सहन नहीं कर पाता। अतः इन संबंधों के प्रति एक-दूसरे के मन में सदैव अटूट विश्वास पैदा करें।

विवादों को स्थाई न बनाएं : व्यक्तित्व का आकर्षण पति-पत्नी को एक-दूसरे के निकट लाता है। एक-दूसरे को पसंद करने का अर्थ ही यह होता है कि दोनों एक-दूसरे से इतने अधिक प्रभावित हो गए हैं कि भावनात्मक रूप से जुड़ गए हैं। इस जुड़ाव में भी कभी-कभी किसी बात पर विवाद अथवा मतभेद हो जाना स्वाभाविक है। इसलिए पति-पत्नी को चाहिए कि उनके आपसी विवाद, वे चाहे जिस कारण से भी पैदा हुए हों, उन्हें लंबा न खींचें, न ही प्रतिशोधी विचार अथवा भावनाएं मन में लाएं। ऐसे विवादों को केवल उस सीमा तक ही खींचें कि एक-दूसरे को अपनी गलती का अहसास हो जाए और बात बन जाए। पति-पत्नी एक-दूसरे की इच्छाएं जानें और एक-दूसरे की इच्छाओं का सम्मान करते हुए मौका मिलते ही तुरंत समझौता कर लें।

परस्पर विवाद चाहे ऑफिस से अधिक छुट्टी लेने पर पैदा हुए हों अथवा घर के खर्चों के कारण, पार्टी में जाने के कारण पैदा हुए हों अथवा न जाने के कारण, एक-दूसरे को सफाई देने का मौका अवश्य दें। पति-पत्नी के विवादों के बारे में समाजशास्त्रियों का कथन है, कि इन्हें किसी भी स्थिति में लंबा न खींचें। पति-पत्नी के इन विवादों का हल चौबीस घंटे में हो ही जाना चाहिए। समझौतावादी सोच आपके दांपत्य जीवन को स्नेहिल और मधुर बनाती है। ध्यान रहे कि समझौतावादी सोच अपनाने में पति-पत्नी में से किसी की भी नाक नीची नहीं होती, बल्कि इससे पति-पत्नी की सोच में निखार आता है। अहंवादी सोच आपको क्षणिक रूप से भले ही मानसिक संतुष्टि प्रदान करे, लेकिन समझौतावादी सोच आपके संबंधों में स्थाई मधुरता लाएगी। इसलिए अपनी सोच को खुला आकाश दें। अपनी उच्चता का प्रदर्शन कर दूसरों की हीनता का मजाक उड़ाकर आप विवादों को हल नहीं कर सकते। विवादों की समाप्ति के लिए तो आपको समझौतावादी सोच अपनानी ही पड़ेगी। ध्यान रखें कि समझौतावादी सोच में पत्नी को चाहे कितनी ही हीनता न सहनी पड़े, अंत में उसे लाभ ही प्राप्त होगा। लाभ के इस व्यवहार को हार कर भी जीत के रूप में स्वीकारें। यही पति-पत्नी के संबंधों की विजय है।

अहं छोड़ें : पति-पत्नी में अपने-आप को एक-दूसरे से बड़ा, श्रेष्ठ, उच्च समझने का भ्रम तथाकथित आधुनिक महिला-पुरुषों की सबसे बड़ी समस्या है। वास्तव में अहम् का लबादा जहां दोनों को एक-दूसरे से दूर करता है, वहीं परिवार में बिखराव, टकराव, तनाव की स्थिति भी पैदा करता है। पति-पत्नी में आई यह सोच ही उन दोनों में अविश्वास पैदा करती है, दोनों को एक-दूसरे से अलग करती है, जिससे दोनों अंधेरों में भटकने के लिए विवश हो सकते हैं। अहं की मारी इस प्रकार की महिलाएं जहां भी अपने पति की कमजोरी का रोना रोती हैं, वहीं वे ऐसे पुरुषों के हाथों में 'फंस' जाती हैं, जो इनका भरपूर शोषण करते हैं और अंत में इन्हें दूध में पड़ी हुई मक्खी की तरह निकाल बाहर फेंक देते हैं। ऐसी महिलाओं को अपनी स्थिति का पता तब चलता है, जब बहुत देर हो चुकी होती है। पति से तलाक लेकर भी ऐसी महिलाओं की स्थिति समाज में कटी पतंग जैसी होती है। सच्चाई यह है कि अहं भरी सोच दांपत्य जीवन की ऐसी 'खटास' है, जो स्त्रियों को हीनता-भरी जिंदगी जीने के लिए तो विवश करती ही है, साथ ही पुरुषों को भी बर्बाद करती है। अतः दांपत्य जीवन की स्थाई मधुरता के लिए पति-पत्नी को इस प्रकार की अहंवादी सोच मन में नहीं लानी चाहिए।

सामाजिक जीवन में लोग पति-पत्नी का लोहा तभी मानते हैं, जब पति अथवा पत्नी अपनी बुद्धिमत्ता से पारिवारिक प्रतिष्ठा बढ़ाते हैं। पति की कमियों को पूरा करने में सक्रिय सहयोग देकर ही पत्नी सामाजिक प्रतिष्ठा को पा सकती है। इसी प्रकार पति की सामाजिक प्रतिष्ठा तभी बढ़ती है, जब वह पत्नी को साथ लेकर अपने पारिवारिक दायित्वों का निर्वाह करता है। पत्नी की कमियों को नजर-अंदाज कर उसे पारिवारिक प्रतिष्ठा देता है। पति को पत्नी की श्रेष्ठता और पत्नी को पति की श्रेष्ठता पर गर्व होना चाहिए।

शादी के कई वर्ष बीत जाने पर प्यार और रोमांस के शोले बुझ सकते हैं, इन्हें जलाए रखने के लिए जरूरी है कि आपका दांपत्य जीवन मधुर बना रहे। इसके लिए जरूरी है कि पति-पत्नी एक-दूसरे के गुणों को जानें, उनसे संबंधित बातें करें। उम्र के पड़ाव पर आकर प्यार करने के तरीके अलग हो सकते हैं, उनकी अभिव्यक्ति के संकेत अलग हो सकते हैं, लेकिन दांपत्य जीवन का प्यार, प्यार ही रहता है। इस प्यार को हमेशा एक-दूसरे की आंखों में बनाए रखें। विश्वास रखें, एक-दूसरे की आंखों में उमड़ता प्यार का यह सागर दांपत्य जीवन को हमेशा हरा-भरा बनाए रखेगा।

❑❑❑

सफलता के लिए श्रम करें

- सफलता और परिश्रम एक ही सिक्के के दो पहलू हैं। सफलता का फल परिश्रम के पौधे पर ही लगता है।
- हम कल वही होंगे, जिसके लिए हम आज प्रयास अथवा परिश्रम कर रहे हैं।
- शॉर्टकट से हथियाई गई सफलताएं जंगल में खिले उस गंधहीन पुष्प के समान हैं, जो देवताओं पर नहीं चढ़ाए जाते।

हमारा संपूर्ण सामाजिक जीवन प्रकृति के कुछ शाश्वत नियमों, सिद्धांतों, आदर्शों, नीतियों पर आधारित है। जो व्यक्ति इन नियमों, सिद्धांतों का उल्लंघन कर प्रकृति के विरुद्ध आचरण करते हैं, उन्हें लोग मूर्ख, विवेकहीन, असभ्य और पागल कहते हैं। कच्चे फलों में पके हुए फल के प्रकृतिजन्य स्वादों को सृजित नहीं किया जा सकता। प्रकृति के विरुद्ध चलने की दुराग्रही सोच अपनाकर सफलता प्राप्त करने की सोच मूर्खता के सिवाय कुछ नहीं।

किसी भी लक्ष्य की प्राप्ति के लिए समय महत्त्वपूर्ण घटक है। कोई भी सफलता एक दिन में नहीं मिलती। लंबे समय की निरंतर साधना, परिश्रम और अभ्यास ही व्यक्ति को उसके लक्ष्य तक पहुंचाते हैं। इसलिए आप भी पूरी निष्ठा, लगन और मनोयोग के साथ अपने लक्ष्य की प्राप्ति के लिए परिश्रम करते रहें, सफलताएं आपके पीछे-पीछे चलने लगेंगी। लगातार परिश्रम करके ही संसार के महान व्यक्ति अपने लक्ष्यों तक पहुंचे हैं।

श्री 'क' मेरे देखते-देखते ही दिल्ली में स्थापित हुए और पिछले पंद्रह वर्षों में ही दिल्ली के आर्थिक, सामाजिक और सांस्कृतिक क्षेत्र में महत्त्वपूर्ण स्थान प्राप्त

कर चुके हैं। दिल्ली की अनेक सामाजिक संस्थाओं में उनका पर्याप्त क्रियात्मक सहयोग भी है। जब मैंने उनसे उनकी इस सफलता का रहस्य जानना चाहा, तो सरलता से बोले, "मुझे काम करने में दिलचस्पी है। मैं अपने काम को पूरी लगन, निष्ठा और परिश्रम के साथ करता हूं।"

उनकी इस बात के साथ ही मुझे पड़ोस के श्री जैन साहब की बात याद आ गई, जो गांव से आकर शहर में बस गए हैं, मुझे कहते थे कि मैंने सूरज को निकलते हुए कभी नहीं देखा। मैं बहुत सुबह ही अपनी दुकान में पहुंच जाता हूं और रात को दस बजे काम बंद करके बाहर निकलता हूं।

सूरज को निकलते हुए न देखना अथवा काम में दिलचस्पी लेने का उनका वाक्य किसी के भी मन को छूने लायक गुरुमंत्र बन सकता है। वास्तव में सफल व्यक्ति अपने काम को जिस लगन के साथ करते हैं, उसमें उन्हें असफलता की कहीं कोई आशंका ही नहीं रहती। आर्थिक, सामाजिक, कामकाजी क्षेत्रों में जुड़े लोग भी यदि उनकी भांति अपने काम में दिलचस्पी लेने लगें, तो वे न केवल जीवन में सफल होंगे, बल्कि श्री 'क' की भांति अपने कर्मक्षेत्र में भी सदैव आगे बढ़ेंगे।

कार्य में दिलचस्पी से आशय : इस संबंध में इतना समझ लेना ही काफी है कि आप जहां भी हैं और चाहे जो भी हैं, अपने काम को पूरे मनोयोग के साथ करें। अपने कार्य का क्षेत्र जानें। अपने कार्य से संबंधित नई, पुरानी जानकारी प्राप्त करें। जो लोग सफल हुए हैं, उनकी सफलता और जो असफल हुए हैं, उनकी असफलता के कारण जानें। इन दोनों कारणों में समन्वय स्थापित करें। सीखने में कहीं भी संकोच न करें। अपने काम को कभी छोटा न समझें। अपने कार्य से संबंधित नई जानकारी प्राप्त करें। अपने कार्य के प्रति कभी उदासीनता, शिथिलता मन में न लाएं। काम चाहे आपका अपना हो अथवा आप कर्मचारी हों, जो कार्य आपको दिया गया है, उसे बड़ी तत्परता, कुशलता और लगन के साथ पूरा करें। आपके काम में आपके व्यक्तित्व की छाप दिखाई देनी चाहिए। अतः अपने काम में अपनी प्रतिभा का परिचय दें। अपनी सूझ-बूझ से अपने काम को इतना सजा-संवार दें कि देखने वाला आपसे प्रभावित हुए बिना न रह सके। अपने कार्य से संबंधित नई-नई योजनाएं, विचार, उपलब्धियों का ग्राफ आदि बनाएं। इनका यथा समय प्रकाशन हो। अपने अधिकारी अथवा संस्थान के मालिक से कहें। यदि आप स्वयं सक्षम हैं, तो उन्हें स्वयं पर लागू करें। अपने अनुभवों के लाभ अपने साथी-सहयोगियों को भी दें। अपनी सीट पर बैठकर तब तक काम करते रहें जब तक कि काम पूरा न हो जाए। यदि आप समझते हैं कि

काम अधिक है, तो अपने काम का कुछ निश्चित विभाजन करें। एक के बाद एक प्राथमिकता के आधार पर कार्यों को पूरा करें। काम में आने वाली कठिनाइयों के समाधान अपने स्तर पर आप करें, या इनमें किसी अन्य के सहयोग की आवश्यकता हो, तो तुरंत इसकी पहल करें। अपने कार्य से संबंधित अभिलेख, फाइलें, दस्तावेज आदि बड़े सुरक्षित और सलीके से रखें, ताकि आवश्यकता पड़ने पर तुरंत मिल जाएं। इन्हें ढूंढ़ने में समय न लगे।

कार्य की महत्ता समझें : कार्य कोई भी छोटा नहीं होता, न ही किसी कार्य को छोटा समझें। बड़े से बड़ा संस्थान भी केवल एक छोटे-से 'स्विच' से चालू अथवा बंद किया जा सकता है। इसलिए अपने काम को छोटा न समझें, न ही अपने कार्य के कारण मन में किसी प्रकार की हीनता लाएं। अपने कार्य को कुशलता से नया रूप दें। कठिन-से-कठिन कार्य को भी आपकी कुशलता सरल बना सकती है। अतः कार्य के बारे में अपने चिंतन और सोच को व्यापक बनाएं। किसी भी कठिनाई अथवा बाधा में हताश और निराश न हों। ऐसी कठिनाई में आपका यह कहना कि "मैं क्या करूं, समय ही नहीं मिला" उचित नहीं। काम करने के लिए समय आपका इंतजार नहीं करता, बल्कि आपको समय पर पहल करनी चाहिए। जब तक काम न हो जाए, तब तक प्रयास करते रहना चाहिए। यह तभी संभव है, जब आप धैर्य, साहस, विवेक के साथ आने वाली समस्याओं का समाधान करेंगे।

शिष्ट बनें : सामाजिक और परिचय क्षेत्र में दूसरों को प्रभावित करने के लिए शिष्ट बनें। आपके बहुत से काम आपके शिष्टाचारी होने पर निर्भर करते हैं। यह तो आप जानते ही हैं कि सफलता के लिए दूसरों का सहयोग लेना ही पड़ता है। माना कि दूसरों से काम लेने की कला आपके व्यक्तित्व की विशेषता है, मगर अपनी सफलताओं का पूरा-पूरा श्रेय आप स्वयं न लें, बल्कि अपनी सफलताओं के लिए अपने सहयोगियों, सहकर्मियों को भी श्रेय दें। उनके प्रति कृतज्ञता ज्ञापित करें। उन्हें धन्यवाद दें। सहयोग के लिए उन्हें स्नेह दें और उनमें विश्वास प्रकट करें ताकि वे भविष्य में भी आपके साथ उसी तत्परता से जुड़े रहें। अपनी सफलता के लिए तन-मन से समर्पित हों। संस्थान के प्रत्येक सहयोगी, कर्मचारी से आत्मीय व्यवहार रखें। सहयोगी चाहे बड़ा हो अथवा छोटा, उसकी छोटी-से-छोटी कठिनाई को भी समझें और उसके निवारण के लिए खुले दिल से सहयोग करें। आपका आर्थिक और भावनात्मक सहयोग पाकर भला कौन आपके साथ नहीं जुड़ना चाहेगा। अतः इस संबंध में आप क्रियात्मक रुख अपनाएं। यदि आप प्रत्यक्ष में पहुंचकर किसी को धन्यवाद नहीं दे पाते हैं, तो पत्र लिखकर अपनी भावनाएं

उन तक अवश्य पहुंचाएं। ऐसे किसी भी अवसर को हाथ से न निकलने दें, जब आप उनकी सहायता कर सकते हों, और आप न कर पाएं।

समय का सदुपयोग करें : अपने समय का सर्वोत्तम सदुपयोग करें। समय पर काम पर पहुंचें, अपनी सीट पर बैठें। दूसरों से काम कराएं, स्वयं का काम स्वयं करें। दूसरों को उचित मार्गनिर्देश दें। संपादित हुए काम को, उत्पादन को, वितरण को स्वयं देखें। यदि आप किसी संस्थान के प्रबंध संचालक हैं, तो उपभोक्ताओं अथवा ग्राहकों से स्वयं संपर्क बनाकर रखें। इससे आपको अपनी तथा संस्थान की कमियों, शिकायतों आदि की जानकारी मिलती रहेगी। काम के क्षणों में हंसी-मजाक करना, दूसरों की सीट पर जाकर गप्पें मारना, महिला कर्मचारियों के साथ द्विअर्थी बातचीत करना, चाय, सिगरेट अथवा तंबाकू के पाउच खाते रहना, अनावश्यक रूप से फोन का इस्तेमाल करना, दूसरों के निजी मामलों में रुचि लेना, बहाने बना-बनाकर काम से बचने की सोच पालना आदि ऐसे व्यवहार हैं, जो आपको सफलताओं से दूर ले जाते हैं और आपका परिश्रम भी बेकार जाता है। इस सत्य को हमेशा याद रखें कि जीविकोपार्जन के लिए श्रम करना ही पड़ता है, जो व्यक्ति इससे जी चुराते हैं, वे कभी भी प्रगति नहीं कर सकते। ऐसे व्यक्ति ही जीविकोपार्जन में अधिक सफल होते हैं, जो लगातार परिश्रम कर अपनी कार्य कुशलता बढ़ाते हैं। श्रम करने से व्यक्ति को यश एवं कीर्ति मिलती है। जो व्यक्ति परिश्रम से मुंह छिपाता है, उसे उपेक्षा ही मिलती है। इसलिए आप चाहे कामगार हों अथवा व्यवसायी, परिश्रम से दिल न चुराएं। अपने से संबंधित काम के अलावा अन्य कामों में रुचि लें।

व्यापक दृष्टिकोण अपनाएं : यदि आप अधिकारी अथवा संस्थान के मालिक हैं, तो जरा-जरा-सी बातों के लिए आपे से बाहर न हों। अपने 'विचारों' को दूसरों पर न थोपें, बल्कि दूसरों से भी कुछ सीखने की इच्छा रखें। अधीनस्थ कर्मचारियों को 'उल्लू', 'मूर्ख, 'पागल', 'कामचोर' अथवा अन्य अपशब्द न कहें। न ही उनकी किसी कमजोरी की चर्चा कर उन्हें अपमानित करने की सोचें। कर्मचारी को संस्थान के बाहर किसी काम से तब तक न भेजें, जब तक कि यह उसके काम का हिस्सा न हो।

उद्देश्य यह है कि काम में दिलचस्पी लेने से काम सरल हो जाता है। इसके अतिरिक्त आप जहां भी हों, अपनी सोच को ऊंचा रखें। हमेशा अच्छा बनने की भावना मन में लाएं। इस सत्य को स्वीकारें कि आप दूसरों को कुछ देकर ही उनसे कुछ प्राप्त कर सकते हैं। इस विषय में इतनी उदारता अवश्य बरतें कि आप दूसरों को निराश न करें।

आत्मसंतुष्टि प्राप्त करें : परिश्रम करने से आत्मसंतुष्टि मिलती है। आत्मसंतुष्टि का यह अहसास ही वास्तविक समृद्धि है। जो कुछ हमें प्राप्त हुआ है, उसका भरपूर आनंद लें। यदि हम अपने आज से प्रसन्न और संतुष्ट नहीं, तो हमारे दिल में कल के लिए कोई उत्साह पैदा नहीं होगा। इसलिए आज का दिन प्रसन्न और प्रफुल्ल मन से व्यतीत करें। अपने समय का सर्वोत्तम उपयोग करके देखें, सफलताएं आपके साथ-साथ चलेंगी। अपने सामाजिक और पारिवारिक जीवन में व्यक्तिगत सुखों को महत्त्व न दें, बल्कि अपनी सोच को 'हम' और 'हमारे' पर केंद्रित करें। इस प्रकार की सोच आपको कठिन-से-कठिन समय में भी मानसिक रूप से बोझिल नहीं होने देगी और सब आपके साथ जुड़े रहेंगे।

अपने जीवन का महत्त्व समझें और सोचें कि जिंदगी सचमुच बड़ी हसीन है। सफलता के लिए किया गया परिश्रम और किए गए प्रयास कभी निष्फल नहीं होते। मेहनत का फल अवश्य मिलता है। परिश्रम की इस प्रकार की सोच अपनाकर देखें, सफलताओं के द्वार अपने-आप खुल जाएंगे और आप भी श्री 'क' की भांति अपने काम, अपने व्यवसाय, अपने संस्थान को सफलताओं के नए क्षितिज तक पहुंचा सकेंगे। सच तो यह है कि परिश्रम ही सफलता का साधन-माध्यम है। धैर्य, विवेक और साहस के साथ किया गया परिश्रम हमेशा फलदायी होता है। सामाजिक और व्यावहारिक जीवन में इस विश्वास के साथ परिश्रम करें कि मेहनत का प्रभाव कभी बेकार नहीं जाता। यदि आपने मेहनत कर जीवन में अच्छे कार्यों का बीजारोपण किया है तो उसके परिणाम अवश्य ही अच्छे निकलेंगे। देर हो सकती है लेकिन अंधेर नहीं।

❑❑❑

आत्मघाती सोच–भावुकता

- जीवन से जुड़े महत्त्वपूर्ण फैसले यदि आप विवेक से करेंगे, तो आपको अवश्य ही अपने किए पर पश्चात्ताप नहीं करना पड़ेगा।
- भावुकता हमें कमजोर बनाती है।
- जिस प्रकार से एक म्यान में दो तलवारें नहीं रह सकतीं, उसी प्रकार से भावुकता और विवेक एक साथ *नहीं रह सकते। भावुकता आत्मघाती सोच और व्यवहार है।*

जिस काम को अथवा व्यवहार को करने के बाद आपके मन में ग्लानि, पश्चात्ताप अथवा क्षोभ के भाव पैदा हों, आपके मन में हीनता पैदा हो, समझ लीजिए कि आपका वह कार्य अथवा व्यवहार भावुकता से प्रेरित है और उसके परिणाम कभी भी अच्छे नहीं निकलेंगे।

"पारूल बेटी, जिंदगी के फैसले भावुकता के क्षणों में नहीं, ठोस व्यावहारिक सोच पर होते हैं। यदि मैंने जीवन में कहीं कुछ गलत किया है, तो इसका यह अर्थ नहीं कि मैं तुम्हें भी वही गलती करने दूं। मैंने भावना के आवेश में आकर ऐसी गलती की थी, जिसके लिए मैं आज तक पश्चात्ताप की आग में जल रही हूं और मुझे आत्मग्लानि के सिवाय कुछ नहीं मिला...।"

यह किसी सामाजिक हिन्दी फिल्म का संवाद नहीं, बल्कि आधुनिक विचारों वाली एक मां का पत्र है, जिसे उसने अपनी युवा बेटी को इसलिए लिखा है, क्योंकि उसकी बेटी भी भावनाओं के आवेश में आकर अपने से बड़ी उम्र के विवाहित बॉस से शादी करना चाहती है। मां की चेतावनी शायद उसे अपने निर्णय पर

सोचने के लिए विवश कर दे, क्योंकि वह स्वयं भी जानती है कि उसका यह निर्णय भावुकता से प्रेरित है।

प्रगतिशील कहे और समझे जाने वाले पढ़े-लिखे समाज में आज भावनाओं पर आधारित निर्णय लेने की सोच बढ़ रही है। वास्तव में कुलीन परिवारों की यह सबसे बड़ी समस्या है। इस समस्या के कारण ही ऐसे परिवारों में अविश्वास और तनाव बढ़ रहा है। बाहरी चमक-दमक और संपर्क में आने वाले पुरुषों और स्त्रियों का आकर्षण एक-दूसरे को इतना अधिक कमजोर बना देता है कि थोड़ी देर के लिए वे यह भूल जाते हैं कि वास्तविकता क्या है? बाहरी दुनिया की यह चमक-दमक वास्तविक जीवन से बिल्कुल मेल नहीं खाती।

सरला को ही लें। संपन्न घर की युवा लड़की एम.ए. करने के बाद शोध कार्य कर रही थी, तभी उसकी घनिष्ठता उसके प्रोफेसर कुमार से बढ़ गई। कुमार के सुदर्शन व्यक्तित्व का प्रभाव था, या फिर विपरीत सेक्स का आकर्षण, कुमार की चितवन सरला की कमजोरी बन गई और प्रोफेसर कुमार ने विवाहित होकर भी सरला की भावुकता का लाभ उठाया। उसे 'उप पत्नी' बना कर रखा। पहले तो सरला कुछ समझ ही नहीं पाई, उसकी आंखें तब खुलीं, जब काफी देर हो चुकी थी। सरला को अपनी करनी पर पश्चात्ताप तो हुआ, लेकिन वह क्या करती? आज वह प्रोफेसर कुमार की 'रखैल' बनी जीवन व्यतीत कर रही है।

बात किसी एक सरला या प्रोफेसर कुमार की नहीं, ऐसे अनेक कुमार, भाटिया, वर्मा, शर्मा हमारे सामाजिक जीवन में हैं, जो कहीं-न-कहीं अवसर पाकर किसी न किसी लड़की अथवा महिला से अपने संबंध बढ़ाते हैं, उसकी कमजोरी से लाभ उठाते हैं। कामकाजी जीवन में ऐसे अनेक अवसर मिलते हैं, जब स्त्रियां ऐसे पुरुषों के मोहजाल में फंस कर अपना जीवन दांव पर लगा देती हैं और अंत में उन्हें हीनता और बदनामी के सिवाय कुछ नहीं मिलता। विशेषकर महिलाएं तो इस जाल में फंस कर अपना वर्तमान और भविष्य दोनों ही खराब कर लेती हैं, क्योंकि भावुकता के इस खेल में महिलाएं हमेशा घाटे में रहती हैं। पुरुष मानसिकता तो आज भी अंगुली पकड़कर पहुंचा पकड़ने की है, इसलिए वे महिलाओं को शीघ्र ही अपनी ओर आकर्षित कर लेते हैं। इस व्यवहार में वे कुछ ऐसे प्रलोभन परोसते हैं कि वे अपने उद्देश्यों में सफल हो ही जाते हैं।

भावनाओं में बहकर किसी का अहित न करें : अपने किसी प्रियजन, किसी मित्र, सहकर्मी अथवा सहकुटुंबी से जब हमें अपेक्षित व्यवहार नहीं मिलता, तो हमारे मन में उदासी, निराशा बढ़ जाती है। हम अनायास ही मानसिक तनावों से ग्रसित

होकर उनके प्रति कुछ ऐसे विचार प्रकट करने लगते हैं, कुछ ऐसे निर्णय करने लगते हैं, जो जीवन की कठोर वास्तविकता से दूर होते हैं। भावनाओं से प्रेरित होने के कारण इस प्रकार के निर्णयों में हम कभी-कभी उन व्यक्तियों का बड़ा अहित कर देते हैं, जिनका व्यवहार हमारी अपेक्षाओं के अनुकूल नहीं रहा। परिवार के सदस्य, यहां तक कि पत्नी, पिता, पुत्र और पुत्री भी भावनाओं के आवेश में आकर कुछ ऐसा आचरण कर बैठते हैं, जो परिवार में तनाव और अशांति के कारण बन जाते हैं। ऐसे किसी भी विवाद में आप गहराई तक जाकर सोचें, तो आप पाएंगे कि इस प्रकार की सोच ही भावुकता के कारण पैदा हुई है। झूठी इज्जत अथवा आत्मप्रतिष्ठा के नाम पर जब हम अपनी सोच को ही सर्वोच्च मान बैठते हैं, तभी इस प्रकार की समस्याएं पैदा होती हैं।

भावनाओं के व्यवहार से बचने के लिए जरूरी है कि हम अपने परिचय क्षेत्र के लोगों, सहकुटुंबियों, मित्रों के गुण, स्वभावगत कमजोरियों, सीमाओं और साधनों पर विचार करें। उनकी क्षमता और सामर्थ्य को जानें, उसके बाद ही उनसे अपेक्षाएं करें। व्यर्थ ही उनके प्रति अनिष्ट की कोई भावना नहीं रखें। उचित तो यही होगा कि आप हमेशा ऐसे व्यक्तियों के व्यवहारों को सहज रूप में लें।

महिलाएं भावुकता से बचें : महिलाएं स्वभाव से ही संकोची, लज्जाशील, विश्वासी और सरल स्वभाव की होती हैं, इसलिए आत्मीयता की जरा-सी उष्णता ही उन्हें अंदर तक कमजोर कर देती है। वे शीघ्र ही बातों के प्रभाव में आ जाती हैं। महानगरों में अब संपन्न घरों के लड़के-लड़कियां 'बॉय फ्रेंड', 'गर्ल फ्रेंड' बनाने लगे हैं। डेटिंग जैसे शौक शुरू हो गए हैं। भावुकता के इन क्षणों में लड़कियों को छला जाना आम बात हो गई है। सिनेमाई संस्कृति, देशी-विदेशी टी.वी. चैनल और टी.वी. पर आने वाले सीरियल आदि ने तो सामाजिक वर्जनाओं के व्यवहारों को उठाकर एक तरफ रख दिया है। यहां तक कि अब पति बदलना भी एक 'खेल' बन गया है। इस सारे वातावरण का लाभ 'पुरुष' वर्ग को ही मिल रहा है, क्योंकि इस प्रकार के व्यवहारों के लिए महिलाएं पहल करती हैं, तो समाज में तरह-तरह की बातें होने लगती हैं और महिलाओं पर ही दोष मढ़े जाते हैं। वास्तव में पुरुषों के ये सारे-के-सारे व्यवहार महिलाओं की भावनाओं से खेलने वाले व्यवहार हैं। इन व्यवहारों में भी अन्ततः 'लानतें' महिलाओं को ही पड़ती हैं, क्योंकि पुरुष अपनी इन गलतियों के लिए भी स्वयं को दोषी नहीं मानते और महिलाओं को इस प्रकार की सोच के लिए उन्हें क्षमा नहीं करते। सामाजिक रूप में ये व्यवहार क्षमा योग्य हैं भी नहीं। यही कारण है कि ऐसे प्रगतिशील व्यवहारों के कारण महिलाओं को दो तरफा हीनता सहनी पड़ती है। इसलिए महिलाओं को इस प्रकार की सोच और व्यवहारों से दूर रहना चाहिए।

भावुकता मानसिक दुर्बलता : भावुकतापूर्ण आचरण मानसिक दुर्बलता का पर्याय है। भावुकतापूर्ण आचरण करने से पहले हमें ठंडे दिमाग से सोचना चाहिए कि इसके दूरगामी परिणाम अथवा प्रभाव क्या होंगे ?

भावनाओं के आवेश में उठाए गए कदमों के कारण कभी-कभी मन में इतनी आत्मग्लानि होती है कि व्यक्ति आत्महत्या तक कर लेता है।

संबंध तय हो जाने के बाद, शादी से पूर्व अर्चना अमित से रोज मिलने जाने लगी। एक दिन पार्क में बैठे-बैठे कब शाम से रात हो गई दोनों को पता न चला। आंखों में तिरते लाल डोरे, हाथों की पकड़ और धड़कनें कब तेज हो गईं, पता ही नहीं चला। दूसरे ही दिन अर्चना से अमित ने साफ मना कर दिया कि वह उससे शादी नहीं कर सकता...। विवाह पूर्व यौन समर्पण की मांग अथवा इच्छा करने वाली लड़की कभी भी मेरे सपनों की राजकुमारी नहीं बन सकती...। भावुकता अथवा सहानुभूति की बुनियाद पर स्थापित रिश्ते अधिक दिनों तक नहीं टिक सकते। इसलिए ऐसे रिश्तों की स्थापना करने-कराने में मानसिक दुर्बलता का परिचय न दें। यदि जाने-अनजाने में ऐसे संबंध स्थापित हो गए हैं, तो इन्हें देखे हुए भयानक सपने की तरह भुला दें।

मर्यादित दूरी रखें : आप चाहे घर में हों या संस्थान में, विवाहित हों या अविवाहित, महिला हों या पुरुष, संपर्क क्षेत्र के प्रत्येक स्त्री एवं पुरुष से ऐसी मर्यादित दूरी अवश्य बनाकर रखें, जो आपकी मान-प्रतिष्ठा के लिए सुरक्षित हो। आपकी जरा-सी कमजोरी आपके पतन का कारण बन सकती है। ध्यान रखें कि पुरुष सहकर्मियों की बातचीत अमर्यादित, द्विअर्थी संवाद, सेक्स संबंधी बातचीत में बिल्कुल रुचि न लें। यदि कोई दूसरा पहल भी कर रहा हो, तो विषय, प्रसंग अथवा स्थान बदल दें। इस प्रकार की बातचीत में अपनी अरुचि प्रदर्शित कर दें। ध्यान रखें कि हमेशा साहस और विवेक से प्रदर्शित किया गया विरोध आपकी सुरक्षा निश्चित करता है। अतः इस विषय में दृढ़ता से काम लें। भावुकतापूर्ण आचरण स्वीकार कर आप ठगे भी जाते हैं और बेवकूफ भी समझे जाते हैं। महिलाएं तो प्रायः शोषित और प्रताड़ित होती हैं, अन्य विश्वासों का शिकार होती हैं, आभूषणों और नगदी से हाथ धो बैठती हैं और भावुकता में आकर कभी-कभी तो बहुत बड़ा नुकसान भी उठाती हैं। स्त्रियों को मूर्ख बनाना और अपना उल्लू सीधा करना चतुर पुरुष खूब समझते हैं और स्त्रियां लुट-पिट जाने के बाद भी केवल इसलिए चुप रह जाती हैं कि लोग उन्हें ही मूर्ख कहेंगे। भावुकतापूर्ण आचरण कर जग-हंसाई उन्हीं की होती है।

अप्रिय को भी स्वीकारें : हमें खुले दिल से इस बात को स्वीकार करना चाहिए कि इस संसार में सब कुछ मनचाहा नहीं होता और बहुत कुछ हमें अप्रिय भी सहना पड़ता है। इसलिए भावनाओं से ऊपर उठकर हमें उसे स्वीकारना चाहिए, जो आदर्श है, ठीक है, न्याय और नीतिसंगत है, सामाजिक है, लोक कल्याणकारी है, किसी भी प्रकार का अभाव या अभिशाप नहीं है। इसलिए अपने-आप में और परिवार के सदस्यों में यह आदत डालें कि वे सामाजिक और पारिवारिक अपेक्षाओं के अनुकूल आचरण करें। असफलताओं से मुंह न मोड़ें और धैर्य से काम लें। साधनों की पवित्रता हमारी सफलता और संतुष्टि का आह्वान है। इसलिए कहीं भी, किसी भी प्रकार का कोई असम्मानजनक समझौता न करें।

अति घनिष्ठता से बचें : दूसरों प्रति रुचि लेना, अत्यंत घनिष्ठता प्रदर्शित करना, बिना मांगे सलाह देना, असमय किसी के घर जाना, पुरुषों अथवा महिलाओं में अति रुचि प्रदर्शित करना, दूसरों के नितांत निजी मामलों में रुचि लेना, अति उदारता जताना, महंगे उपहार स्वीकारना आदि कार्य भावुकता की श्रेणी में ही आते हैं, अतः इनसे बचें। फैशन, मनोरंजन, ग्लैमर, मॉडलिंग, करियर के नाम पर परोसी जाने वाली अश्लीलता, उच्छृंखलता, देह प्रदर्शन हमारे सामाजिक जीवन को निरंतर प्रदूषित कर रही है। अपसंस्कृति का यह व्यवहार अति घनिष्ठता की देन है। वह चाहे संस्थान हो अथवा प्रतिष्ठान, जहां भी अति घनिष्ठता अपनाई जाती है, वहीं संबंध अमर्यादित होने लगते हैं। मनोवैज्ञानिकों के अनुसार अति घनिष्ठता का व्यवहार एकांत पाते ही रोमांचकारी होने लगता है। युवा मन की तरंगे सक्रिय होकर अपने क्षेत्र अथवा साथी के साथ कुछ अनूठा, विचित्र, मधुर, सुखद करने की सोचने लगता है। परस्पर घनिष्ठता का यह व्यवहार ही सामाजिक जीवन की वर्जनाएं तोड़ कर सामाजिक अपराध करने लगती हैं जो नैतिक पतन का कारण बनता है।

विचारों में दृढ़ता लाएं : स्नेहिल व्यवहार, जहां आपके व्यक्तित्व को मुखरित करता है, आपकी सोच को व्यावहारिक बनाता है, आपकी सफलता के लिए नित्य नए मान देता है, वहीं भावुकता आपको कदम-कदम पर कमजोर बनाती है। आपको अन्याय और शोषण का केंद्र बनाती है। इसलिए कहीं भी कमजोर न बनें। कर्तव्य और भावनाओं के संघर्ष में कर्तव्य का मार्ग ही स्वीकारें। भले ही यह मार्ग अपेक्षाकृत कठिन होता है, लेकिन यह आपको कभी भी कमजोर नहीं बनाएगा और आप परीक्षा के क्षणों में हमेशा कर्तव्य का पालन कर भावुकता पर काबू पाते रहेंगे। भावनाओं से ऊपर उठकर भले ही आपको कुछ देर के लिए दूसरों का विरोध सहना पड़े, दूसरों को आप अच्छे न लगें, लेकिन आपकी यह वैचारिक दृढ़ता

एक दिन आपके व्यक्तित्व की विशेषता बनकर उभरेगी और लोग आपके इस आचरण की प्रशंसा किए बिना नहीं रहेंगे।

भावनाओं की अभिव्यक्ति कभी-कभी हमें अपनों की ही नजरों से गिरा देती है। अनेक बार यह आत्मघाती भी सिद्ध होती है, जो एक मानसिक विकृति बनकर सामने आती है। अतः जहां तक हो, इससे बचें। समग्र रूप से अपना मूल्यांकन आप करें, दिल की नहीं, हमेशा दिमाग की सुनें। मन चंचल होता है, दिमाग हमेशा विवेक से काम लेता है। भावुकता के क्षणों में विवेक से काम लें, आपको जीवन में कभी भी अपने किए पर पश्चात्ताप न होगा।

❏❏❏

कॉकटेल पार्टियों का अर्द्धसत्य

- **शराब परिवार की सुख-समृद्धि के साथ-साथ परिवार की शांति को भी पी जाती है।**
- **समाज में शराब पीने वालों की अपेक्षा शराब न पीने वालों की ज्यादा प्रतिष्ठा होती है।**
- **कॉकटेल पार्टियों के माध्यम से प्रायः माता-पिता ही बच्चों को नशे का आदी बनाते हैं।**

समाजशास्त्रियों का मत है कि भारत संपन्न लोगों का गरीब देश है। इसे आप चाहे पश्चिमी सभ्यता का प्रभाव समझें या फिर संपन्नता प्रदर्शित करने की प्रवृत्ति, आज उच्च, मध्य और निम्नस्तरीय घरों में शराब का चलन दिनों-दिन बढ़ता जा रहा है। जहां बड़े लोग इसे संपन्नता के नाम पर पीते हैं, वहीं गरीब लोग इसे अपनी थकान मिटाने के लिए पीते हैं। मध्यवर्गीय परिवारों के लोग भी देखा-देखी जन्मदिन, विवाह, विवाह की वर्षगांठ, पदोन्नति या फिर एक-दूसरे के नाम पर ही शराब पार्टियों का आयोजन करने लगे हैं। ''आज की शाम यार के नाम'' कह कर महानगरों में ही नहीं, छोटे-बड़े शहरों और कस्बों में भी देर रात तक ऐसी पार्टियों का आयोजन होने लगा है। जहां होस्टलों, क्लबों, फार्म हाउसों, हाईवे-इन, मोटलों, पिकनिक स्पॉट, मैरिज हाउस आदि को 'बुक' कर यार-दोस्तों को एंजाय के लिए आमंत्रित किया-कराया जाता है। इन पार्टियों का अर्द्धसत्य यह है कि इन पार्टियों में महिलाएं भी रुचि लेने लगी हैं और अब उनमें भी पीने-पिलाने का शौक बढ़ने लगा है। इस प्रकार अब ये पार्टियां 'सोशल स्टेटस सिंबल' बन गई हैं। आशय यह है कि ये बड़े लोग किसी-न-किसी बहाने होटलों, क्लबों, यहां तक कि घरों में भी 'जमने' लगे हैं। और इस प्रकार के 'जमने' का फैशन दिनों-दिन बढ़ता ही जा रहा है।

युवावर्ग भी नशे की चपेट में : नशे और मादक पदार्थों के प्रति यह आकर्षण अब स्कूल-कॉलेज के लड़कों में भी बढ़ने लगा है। एक सर्वेक्षण के अनुसार देश के महाविद्यालयों में पढ़ रहे 38 प्रतिशत छात्रों का रुझान मादक पदार्थों की ओर हो गया है। नशे के प्रति संपन्न घरों के लड़के-लड़कियों का बढ़ता रुझान इस बात का प्रमाण है कि शराब केवल गरीब लोग अथवा निम्न वर्ग के लोग ही नहीं पीते हैं।

गंभीर रोगों का कारण है शराब : नशे के प्रति बढ़ता आकर्षण और उसके दुष्प्रभाव किसी से छिपे नहीं हैं। वैज्ञानिकों का यह मत है कि सभी गंभीर रोगों का कारण मादक पदार्थ हैं। नशा करने वाला व्यक्ति नशे का दास हो जाता है। उसकी विवेक शक्ति पंगु हो जाती है। उसमें सोचने-समझने की शक्ति ही नहीं रहती। यही कारण है कि उसे हर स्थान से उपेक्षा और अपमान ही मिलता है। वास्तव में नशा करने से कोई व्यक्ति अपने गम नहीं भूलता, यह तो एक प्रकार से अपने-आप को धोखा देने वाली सोच है। सही बात तो यह है कि शराब पीने से व्यक्ति अपने-आप में एक और गम पाल लेता है।

नशा करने वाले व्यक्ति का चारित्रिक पतन हो जाता है। धीरे-धीरे उसके परिवार की आर्थिक स्थिति कमजोर होने लगती है और ऋण का भार बढ़ने लगता है। यहां तक कि अंत में वह समाज और परिवार से भी कट जाता है। उसे आत्महीनता का जीवन जीना पड़ता है। परिवार की सुख-शांति समाप्त हो जाती है। परिवार बिखर जाता है।

कथित प्रतिष्ठा का भूत कॉकटेल पार्टियां : मादक पदार्थों अथवा कॉकटेल पार्टियों के इस आयोजन के पीछे सबसे बड़ा कारण यह है कि लोग इसे प्रतिष्ठा का प्रतीक समझने लगे हैं, और इस प्रकार की पार्टियां 'सोशल स्टेटस सिंबल' बन गई हैं। जो शराब का सेवन नहीं करते हैं, लोग इन्हें पिछड़ा हुआ, देहाती, असभ्य और न जाने क्या-क्या समझने लगते हैं।

इस संदर्भ में बार-बार हमारे मन में ऐसे तथाकथित प्रगतिशील समझे जाने वालों के बारे में एक ही विचार मन में आता है कि हे ईश्वर! इन्हें सही राह पर ला, क्योंकि ये नहीं जानते कि ये अपने ही पैरों पर कुल्हाड़ी मारने जैसा व्यवहार कर रहे हैं। इनकी भ्रामक सोच इन्हें बड़ा बनने के स्थान पर छोटा बना रही है।

इसे विडंबना ही कहना चाहिए कि जिसे हम सामाजिक बुराई समझते हैं, सार्वजनिक रूप में बुरा कहते हैं, जिससे हम बचना चाहते हैं, बच्चों को बचाना चाहते हैं, उसी बुराई को अप्रत्यक्ष रूप से कॉकटेल पार्टियों के रूप में अपने घरों में स्थान

देकर अपने बड़े होने का ढोंग रचते हैं। अपने-आप को विशिष्ट बनाने की इस मृगतृष्णा ने आदमी को इतना छोटा बना दिया है कि वह भौतिकता की इस चमक में यह भूल जाता है कि वह अपना घर जलाकर तापने का मजा लेने की मूर्खता कर रहा है।

घरेलू पार्टियों के इस प्रकार के आयोजनों में अपने घर मेहमानों को बुलाने और पीने-पिलाने के बारे में मेजबान की सोच चाहे कुछ भी हो, लेकिन इसके दुष्परिणाम भी मेजबान को ही भुगतने पड़ते हैं। इस प्रकार की पार्टियों में मित्रों को पीने-पिलाने का भ्रम तब छूटता है, जब घर आए मेहमानों की करतूतें सिर चढ़कर बोलने लगती हैं और वे पीकर ऐसे बहकने लगते हैं कि उन्हें यह भी ख्याल नहीं रहता कि वे कहां हैं ? और किसके साथ क्या व्यवहार कर रहे हैं ?

यद्यपि इन घरेलू पार्टियों का उद्देश्य परस्पर संबंध जोड़ना और संबंधों में मधुरता लाना होता है, लेकिन जहां पीने-पिलाने की बात होने लगती है, वहां मर्यादा की सभी सीमाएं टूटने लगती हैं। और फिर ऊंट किस करवट बैठे, कहा नहीं जा सकता, क्योंकि पीने के बाद अकसर लोग 'असंसदीय' भाषा बोलने लगते हैं। जिन्हें ये लोग 'सच-सच' बोलना कहते हैं।

नशा एक ऐसी ललक है, जिसकी चाहत उत्तरोत्तर बढ़ती है, पीने की ललक दबाए नहीं दबती और अंत में पीने वाला आपे से बाहर होकर होश गंवा बैठता है। फिर इस प्रकार की कॉकटेल पार्टियों में अकसर लोग बिना सोचे-समझे ही इतनी पी जाते हैं कि अपना और दूसरे लोगों का पार्टी में रुकना मुश्किल कर देते हैं। इस प्रकार के हादसे के बाद मेजबान पर क्या बीतती है, यह तो कोई भुक्तभोगी ही बता सकता है।

कॉकटेल पार्टियों में होती है दुर्गति और दुश्मनी : इस प्रकार के आयोजनों में अकसर हंसी-मजाक सीमा से बाहर ही होता है। कुछ तो इसे सहन कर जाते हैं, लेकिन कुछ कुंठित व्यक्तित्व वाले इसे कभी-कभी अपनी 'इंसल्ट' समझ लेते हैं। ऐसे ही एक आयोजन में एक पत्रकार ने किसी सामाजिक घटना पर कोई टिप्पणी कर दी। अधिकारी पत्रकार महोदय की बात से सहमत नहीं हुए, अपने पद के दंभ में नशे की हालत में ही बोले—"पत्रकार बकता है।" बात शीघ्र ही तू-तू, मैं-मैं में बदल गई और हाथापाई तक आ पहुंची। बेचारा मेजबान दोनों के हाथ जोड़ने लगा। अधिकारी महोदय चूंकि पत्रकार के साथ गालियों से पेश आ चुके थे, इसलिए पत्रकार का कहना था कि तुमने हमारा अपमान कराने के लिए इस प्रकार की पार्टी का आयोजन किया। मेजबान को उलटे लेने के देने

पड़ गए। सारी पार्टी बेमजा हो गई, खाना किसी ने खाया, किसी ने छोड़ा। बात पुलिस तक न पहुंचे, इसलिए लोग मुंह छिपाकर अपने-अपने घरों में आ गए।

एक अन्य स्थान पर भी ऐसा ही बात का बतंगड़ बन गया। अपने-आप को फिल्मी हीरो से कम न समझने वाले मंत्री के पुत्र ने जब छः पैग पी लिए और सातवें पर हाथ मारना चाहा, तो मेजबान ने उसे समझाने के लिए कहा, "अब बस करो कुमार, बहुत हो गई...।"

मेजबान की बात सुनकर कुमार जैसे भड़क उठा, "यू ब्लडी, अगर पिलाने की हिम्मत नहीं थी, तो तुमने हमको बुलाया ही क्यों...आग लगाकर अब हमें मना करते हो, लाओ और लाओ...नहीं तो तुम्हें देख लूंगा...तुम अपने-आप को समझते क्या हो।" मेजबान का सारा नशा उतर गया, उसकी समझ में नहीं आ रहा था कि वह क्या करे, कहां जाए ?

"तुम अव्वल दर्जे के घटिया इनसान हो..." कुमार बहकते-बहकते 'सच' बोल रहा था। मेजबान के पास इस 'सच' को सुनने और सहने के सिवाय कोई चारा नहीं था।

माहौल बिगड़ने में कितना समय लगता है, कोई अप्रिय हादसा होने में क्या कसर शेष बची थी। आमंत्रित अतिथि चुपचाप 'दुम दबाकर' खिसक गए। मेजबान बहुत देर तक खाने की खाली मेजों को देखता रहा, जो उसके ही एक 'मित्र' के कारण सूनी रह गई थीं। गोलियां चलना, हत्या होना, करना तो जैसे इन पार्टियों में होना ही होता है। इस प्रकार की पार्टियों में सुनियोजित तरीकों से आपराधिक कार्य होते हैं और फिर तथाकथित बड़े लोगों के कारण ही इस प्रकार के मामले रफा-दफा किए जाते हैं।

शराब और भारतीय समाज : आशय यह है कि आर्थिक संपन्नता के प्रदर्शन के इस व्यवहार को पचाने की शक्ति अभी हमारे समाज में नहीं आई है। इसके जो भी कारण हों, लेकिन एक कारण यह भी है कि हमारे समाज में उपलब्धियों के प्रदर्शन को अच्छा नहीं समझा जाता। हम दूसरों की खुशियों, सफलताओं, प्रगति और उपलब्धियों को सहज-सरल हृदय से स्वीकार तो कर लेते हैं, लेकिन उनके इस प्रकार के प्रदर्शन को अच्छा नहीं समझते, न ही उसमें सहभागी बन सकते हैं। व्यक्तिगत रूप से आप भले ही दूसरे की सफलताओं को स्वीकार कर लें, लेकिन सामूहिक रूप से हम सबके व्यवहारों की गारंटी नहीं ले सकते। और फिर शराब पीने के बाद व्यवहार की गारंटी देना न तो संभव ही है और न ही तर्क संगत।

देर रात तक चलने वाली इन पार्टियों में विविध प्रकार की महंगी शराब, कैबरे आदि का आयोजन भी होता है। पीने-पिलाने के बाद रोमांटिक हो जाना स्वाभाविक ही होता है, बल्कि सच तो यह है कि कुछ लोग पीते ही इसलिए हैं कि वे माहौल में कुछ 'असहज' हो जाएं। रोमांस की चाह और फिर अवैध संबंधों की स्थापना, यही है इन कॉकटेल पार्टियों का अर्द्धसत्य। इन पार्टियों के कारण दूसरे ही दिन पति-पत्नी के संबंधों में तनाव दिखाई देने लगता है। थोड़ी-सी वाहवाही और सस्ती लोकप्रियता प्राप्त करने के लिए इस प्रकार का आचरण अंत में आपके हिस्से जग हंसाई ही छोड़ेगा। इस प्रकार की पार्टियों से आपको अपेक्षित परिणाम शायद ही प्राप्त हो। अतः पाश्चात्य संस्कृति के इस व्यवहार को अपनाने की मूर्खता न करें। जिस प्रकार से एक म्यान में दो तलवारें नहीं रखी जा सकतीं, उसी प्रकार से पाश्चात्य संस्कृति के इस आचरण को भारतीय परिवारों में प्रतिष्ठा प्राप्त नहीं हो सकती। यदि इस विषय में आप दुराग्रही सोच अपनाएंगे, तो उसके दुष्परिणाम भी आपको भुगतने पड़ेंगे।

और भी रास्ते हैं संपन्नता प्रदर्शन के : यदि आप साधन संपन्न हैं और अपने साधनों का कुछ उपयोग करना चाहते हैं, तो अपनी इच्छा के अनुसार किसी भी सामाजिक अथवा सांस्कृतिक संस्था से जुड़ें। किसी भी विद्यालय, अनाथ आश्रम अथवा किसी अस्पताल के लिए दान दें। अपनी निगरानी में संस्था के लिए कोई ऐसा काम करें, जिससे आपके धन का सदुपयोग हो सके।

कॉकटेल पार्टियों का आयोजन जहां आपकी समस्याएं बढ़ाएगा, वहीं आप अपने बच्चों की आदतें भी बिगाड़ेंगे, उन्हें एक ऐसी सोच देंगे, जो आपके नाम को अवश्य ही 'डुबा' देगी। हमने कई प्रतिष्ठित व्यक्तियों को इस प्रकार की पार्टियों से तौबा करते देखा है। फिर भी यदि आपके मन में कोई पूर्वाग्रही सोच है या आप मानते हैं कि इस प्रकार की पार्टियों से आपके संबंध बन सकते हैं या प्रतिष्ठा बढ़ सकती है, तो आप करके देख लीजिए। आपको स्वयं इन पार्टियों का सत्य पता चल जाएगा और आप स्वयं भी इन पार्टियों के आयोजन से तौबा करने लगेंगे, लेकिन अधिक अच्छा तो यही है कि दूसरों को ठोकर खाते देखकर ही आप संभल जाएं, क्योंकि सब कुछ लुटा के होश में आए तो क्या हुआ?

❏❏❏

हमेशा कुछ नया करने की सोच पालें

- प्रगतिशीलता का अर्थ है कि आप सामाजिक जीवन में कुछ नया कर अपने-आप को प्रतिष्ठित करें।
- शिक्षा को व्यावहारिक रूप दें। अपनी शक्तियों को समाज की भलाई में लगाएं।
- अच्छी 'हॉबी' अपनाएं।

यश पाने की कामना व्यक्ति की मूल इच्छाओं में से एक है। इसीलिए नए विचार, नए कार्य और नई वस्तु के प्रति लोगों की जिज्ञासा स्वाभाविक रूप से बनी रहती है। यदि आप जीवन में कुछ भी नया करेंगे, तो लोगों की नजरों में शीघ्र प्रतिष्ठा पाएंगे। इसी कारण हम नित्य नया ज्ञान प्राप्त करने के लिए उत्सुक रहते हैं, जिससे कि कुछ नया प्रदर्शित कर लोगों की निकटता प्राप्त कर सकें।

व्यावहारिक ज्ञान ही सच्चा ज्ञान है : नया करने, नया सीखने के लिए हम पुस्तकों का सहारा लेते हैं, यह बात सही है कि पुस्तकें ज्ञान का भंडार हैं, मन की खिड़कियां खोलती हैं, लेकिन हमारी व्यावहारिक सोच ही हमें सफलता के उस द्वार तक ले जा सकती है, जहां हम अपने जीवन-लक्ष्य को प्राप्त करने में सफल होते हैं। दुनिया में ऐसा कोई नहीं जो हमें तैरना सिखा सके। तैरने के लिए आपको नदी में प्रवेश करना ही पड़ेगा। इसी प्रकार आप चाहे जिस क्षेत्र में भी हों, अपनी प्रगति के लिए आपको कुछ नई व्यावहारिक सोच अपनानी ही पड़ेगी। आपको लोगों की अपेक्षाओं के अनुकूल ही आचरण करना पड़ेगा। इस विषय में आपकी मौलिक सोच और सूझ-बूझ ही आपको मान-प्रतिष्ठा दिला सकती है। पुस्तकीय ज्ञान आपको लोगों के दिल में स्थान नहीं दिला सकता।

घिसी-पिटी पुरानी बातें तथा व्यवहार करके आप दूसरों को प्रभावित नहीं कर सकते और न ही लक्ष्य तक पहुंच सकते हैं। अभिवादन के लिए ही यदि आप 'जय राम जी की' करेंगे, तो आप अपने सामाजिक क्षेत्र में हंसी का पात्र बनेंगे। जबकि आज भी ग्रामीण अंचलों में लोग परस्पर अभिवादन के लिए ऐसे ही शब्दों का प्रयोग करते हैं। आशय यह है कि अपने सामाजिक क्षेत्र के अनुकूल व्यवहार में भी नयापन लाएं।

सारी वैज्ञानिक उपलब्धियां इस बात का प्रमाण हैं कि ये वैज्ञानिक समाज को कुछ नया देना चाहते थे। इसके लिए उन्होंने खोजें कीं और अपनी उपलब्धियां समाज को दे सके। नया करके ही हम अपने लक्ष्य तक पहुंच सकते हैं, समाज में अपना विशिष्ट स्थान प्राप्त कर सकते हैं। नया करने की चाह ही प्रगतिशील सोच है।

सफलता पाने के लिए आत्मविश्वास संजोएं : नया करने अथवा कुछ नया लोगों के सामने रखने से हमारा आशय अपनी मौलिक प्रतिभा को प्रदर्शित करना है। वास्तव में कुछ भी नया करने के लिए हमारे मन में झिझक बनी रहती है कि लोग क्या कहेंगे या फिर कहीं लोग हमारी असफलता पर हंसेंगे तो नहीं, हमारा मजाक तो नहीं उड़ाएंगे ? इस प्रकार की सोच हमें हमेशा हतोत्साहित करती है। जबकि वास्तव में ऐसा कुछ नहीं होता। वास्तव में आत्मविश्वास का अभाव ही मन में कमजोरी बनने लगता है। इसलिए कुछ भी नया करने से पहले अपने-आप में आत्मविश्वास जागृत करें। आत्मविश्वास का अभाव ही आपको कुछ नया नहीं करने देता। साहस की कमी आपके मन की कमजोरी बन जाती है। आप कुछ भी नया करने का साहस नहीं जुटा पाते। यदि वैज्ञानिकों में नया करने का साहस नहीं होता, तो वे अपने कार्यों को बीच में ही छोड़ देते। उनके सामने तो नई खोज करते हुए बहुत परेशानियां भी आईं।

नया करने के पीछे उद्देश्य कुछ नया करना अथवा अद्‌भुत करना नहीं, बल्कि नीतिसम्यक्, सामाजिक मर्यादाओं के बीच रहकर, अनुशासित बने रहकर, समाज को कुछ नया देना है। नया करने से हमारा आशय केवल इतना ही है कि हम संपर्क में आने वाले व्यक्तियों को अपनी मौलिक सोच, व्यवहार और चिंतन शक्ति से लाभांवित करें। संसार में जितने भी महान व्यक्ति हुए हैं, वे सब अपने-अपने क्षेत्रों में कुछ नया प्रदर्शित करके ही महान हुए हैं। ज्ञान की कोई सीमा नहीं होती। रंगों की कोई गिनती नहीं होती, अपने जीवन को 'खाओ-पीओ और मौज करो' की सीमाओं में न बांधें, बल्कि आत्म-उन्नति, समाज कल्याण के परम् लक्ष्य की प्राप्ति से जोड़ें। मन-ही-मन संकल्पित हों। यह संकल्प ही आपको नया करने के लिए प्रेरित करेगा और आप कुछ नया करने में सफल होंगे।

नए क्षेत्र तलाशें : बात चाहे फैशन डिजाइनिंग की हो, आभूषणों की हो अथवा वैचारिक नवीनता की, साज-सज्जा की हो अथवा जीवन-शैली की, सब में नई सोच आपको प्रतिष्ठा दिला सकती है। आप जो नया व्यवसाय स्थापित कर रहे हैं अथवा स्थापित करने की योजना बना रहे हैं, उसमें कुछ-न-कुछ नयापन अवश्य लाएं। खाने को देख लें, खाने की शैली में दिनों-दिन कितना परिवर्तन हो रहा है। यदि आप समय के साथ अपने खाने में इस प्रकार के परिवर्तन नहीं लाते तो समय के साथ चल भी नहीं सकते। आज 'फास्ट फूड' के नाम से न जाने खाने में कितने परिवर्तन हो रहे हैं। कुकिंग एक विज्ञान के साथ-साथ कला का रूप भी ले रहा है। विवाह-शादियों के अवसर पर आपने देखा होगा कि सलाद को ही विविध प्रकार से सजाया जाने लगा है। खाने की नई-नई डिश बनाना और परोसना प्रगतिशीलता की कसौटी बन गया है। इसी प्रकार से घरों और संस्थानों को आकर्षक साज-सज्जा देना एक व्यवसाय बन गया है। आप भी कुछ ऐसे ही नए व्यवसायों से जुड़ें। व्यवसाय के रूप में कुछ नए क्षेत्रों की खोज करें। अपने उत्पादनों को नए आकर्षक रूप में प्रस्तुत करें। नए बाजार की तलाश करें।

आप चाहे जिस क्षेत्र में भी हों, अपने कार्य-व्यवहार में नयापन, नवीनता लाकर आप आपसी संबंधों में भी निकटता लाएंगे। परस्पर पत्र लिखना, फोन करना, बधाई-पत्र भेजना, एक-दूसरे के दुख-सुख में शामिल होना आदि ऐसे व्यवहार हैं, जो आपके संबंधों में हमेशा निकटता और ताजगी लाएंगे।

सद्गुणों से ही प्रतिष्ठा मिलती है : सत्य, त्याग और न्याय पर चलने वाले व्यक्ति की सोच हमेशा रचनात्मक बनी रहती है। ऐसे व्यक्तियों को भले ही आर्थिक लाभ न मिले, लेकिन आत्मिक सुख-संतोष हमेशा बना रहता है। इस प्रकार की सोच के कारण उनमें झूठ, छल, कपट, फरेब और धोखाधड़ी के विचार नहीं आते। आप चाहे जहां भी हों, अपना मूल्यांकन स्वयं करके देख लें कि जब आप अपने कार्य-व्यवहार और व्यापार में इन विषयों पर चिंतनशील बने रहेंगे, तो आप अपने क्षेत्र में अधिक सफल होंगे, अधिक प्रतिष्ठा प्राप्त कर लेंगे। आपकी क्षमताएं भी विकसित होंगी और आप अपने क्षेत्र में सफल भी होंगे।

अपनी गुडविल बनाएं : ''गोयल साहब की दुकान पर भले ही वस्तु एक या दो रुपये महंगी मिलती है, लेकिन चीज साफ-सुथरी और ए-वन मिलती है...।'' बस इतनी-सी विशेषता ही आपकी दुकान की प्रतिष्ठा बन जाएगी और आपको इस प्रतिष्ठा का लाभ अनेक वर्षों तक मिलता रहेगा। अतः अपनी व्यापारिक सफलता के इन मापदंडों की कहीं भी उपेक्षा न करें। व्यापारिक क्षेत्रों में इसे 'गुडविल' कहते हैं और यह बड़ी मुश्किल से प्राप्त होती है। प्रत्येक व्यक्ति की सफलता

के पीछे कुछ ऐसी ही 'गुडविल' होती है, जो दूसरों का विश्वास अर्जित करने के बाद ही प्राप्त होती है। शिष्टता और शालीनतायुक्त इस सोच के लाभ वर्षों तक मिलते हैं। इस संबंध में हमेशा यह विचार कर लें कि जो लोग व्यापारिक क्षेत्रों में दूसरों की कमजोरियों से लाभ उठाते हैं, दूसरों के साथ विश्वासघात करते हैं, वे स्वयं कभी प्रगति नहीं कर पाते। यदि आप जीवन के उच्चादर्शों के प्रति नई सोच अपनाते रहेंगे, तो आपकी सामाजिक प्रतिष्ठा भी अवश्य बढ़ती रहेगी।

कुछ नया करते समय यह कभी न सोचें कि लोग क्या कहेंगे ? लोग आपके इस कार्य को पसंद करेंगे या नहीं ? लोग इसकी निंदा करेंगे या प्रशंसा ? आप तो पूरी सच्चाई और ईमानदारी के साथ अपने इन आदर्शों के अनुरूप आचरण करें। आदर्श हमारे जीवन का मार्ग प्रशस्त करते हैं। चरित्रगत विशेषताएं हमारा मनोबल बढ़ाती हैं। हमारे प्रगति के मार्ग को सरल बनाती हैं। असफलता का भय मन से निकाल दें। यदि आपने असफलता का भय मन से निकाल दिया तो समझ लें कि सफलता अवश्य मिलेगी। जब कोई व्यक्ति भय पर विजय प्राप्त कर लेता है, तो निश्चय ही वह कुछ नया करता है और उसके इस नए कार्य-व्यवहार को प्रतिष्ठा भी मिलती है। वह अपनी इस विशिष्टता के लिए समाज में विशिष्ट स्थान प्राप्त करता है।

अपने विचारों और व्यवहारों को दूसरों के सामने बड़े धैर्य और आत्मविश्वास के साथ रखें। यदि आप बात सप्रमाण करेंगे, तर्क संगत करेंगे, तो आपकी बात का प्रभाव अवश्य पड़ेगा। लीक से हटकर अपनी कार्य शैली से लोगों को प्रभावित करें। लोग अवश्य ही आपकी योग्यता और प्रतिभा का लोहा मानेंगे।

❏❏❏

अवैध संबंधों की मृगतृष्णा से बचें

- अवैध संबंध अनेक प्रकार के मानसिक और शारीरिक रोग पैदा करते हैं।
- अवैध संबंध हमारे चरित्र को कलंकित कर हमें सवालिया नजरों का शिकार बनाते हैं।
- अवैध संबंध सामाजिक प्रदूषण फैलाते हैं।

"मैं एक डॉक्टर के नर्सिंग होम में डॉक्टर हूं। काम के दौरान मेरा झुकाव उस डॉक्टर की ओर बढ़ता ही जा रहा है। मेरा यह प्रेमी भी अपनी पत्नी और बच्चों को छोड़कर मुझे अपनाना चाहता है। मैं उनके अहसानों में इतनी दबी हुई हूं कि उसे किसी बात के लिए मना नहीं कर सकती, लेकिन जब अपने पति का ख्याल आता है, तो लगता है जैसे मैं कुछ अच्छा नहीं कर रही हूं। पति के साथ इस प्रकार का विश्वासघात...मैं विचित्र धर्मसंकट में फंस गई हूं। मेरे इन अवैध संबंधों के क्या परिणाम निकलेंगे, मैं खुद नहीं जानती। इतना अवश्य जानती हूं कि इन अवैध संबंधों के कारण मैं समाज में किसी के सामने मुंह दिखाने लायक नहीं रहूंगी...।"

"संस्थान में मेरे दो स्त्रियों से अवैध संबंध हैं। मेरे इन संबंधों की भनक मेरी पत्नी को भी लग गई है, जिससे हमारा दांपत्य जीवन अशांत हो गया है। परिवार में हमेशा तनाव का वातावरण बना रहता है। दोनों स्त्रियां मेरे साथ जिंदगी गुजारने को राजी हैं, लेकिन पत्नी उन्हें फूटी आंख भी नहीं देखना चाहती...।"

संपादक के नाम प्रतिदिन ऐसे सैकड़ों पत्र उन पढ़े-लिखे तथाकथित प्रगतिशील स्त्री-पुरुषों के आते हैं, जो अपने वर्तमान और भविष्य को अवैध संबंधों की बलि चढ़ाकर पूछते हैं कि उनकी समस्याओं का हल क्या है ?

गले-गले तक अपनी ही समस्याओं में डूबे ये स्त्री-पुरुष जानकर भी केवल इसलिए अनजान बने रहना चाहते हैं, क्योंकि वे स्वयं जानते हैं कि इन समस्याओं का कहीं दूर-दूर तक कोई समाधान नहीं है। अगर कहीं समाधान है भी तो बस इतना कि जितनी जल्दी हो सके, हम आग से खेलना बंद कर दें और अपने किए पर पश्चात्ताप कर अपने पारिवारिक संबंधों के साथ न्याय करें। ऐसे संबंधों में लिप्त व्यक्ति यह कहते नहीं अघाते कि क्या करें यह संबंध हमें छोड़ते ही नहीं। जबकि सच यह है कि वे स्वयं ही इन संबंधों की दलदल से निकलना नहीं चाहते। ऐसे लोगों को होश तब आता है, जब पानी सिर से ऊपर हो चुका होता है।

ओस चाटने से प्यास नहीं बुझती : जिस प्रकार से ओस चाटने से प्यास नहीं बुझती, उसी प्रकार से अवैध संबंध आपको सामाजिक और पारिवारिक जीवन में भी किसी भी प्रकार की प्रतिष्ठा, आत्मसंतुष्टि अथवा मन की शांति नहीं दिला सकते। इसलिए जहां तक हो सके, ऐसे संबंधों से दूर ही रहें।

इस बात को नोट कर लें कि इन संबंधों के कारण आपके हिस्से बदनामी के अलावा कुछ नहीं आएगा। इसलिए आप चाहे स्त्री हों अथवा पुरुष, आपका सामाजिक स्तर चाहे जो भी हो, संपर्क में आए स्त्री-पुरुष के साथ अवैध संबंध कभी स्थापित न करें।

कामकाज के दौरान अथवा सामाजिक जीवन में पुरुषों का स्त्रियों से और स्त्रियों का पुरुषों से संपर्क हो जाना एक स्वाभाविक व्यवहार है। इन व्यवहारों में कभी-कभी स्त्रियां अथवा पुरुष एक-दूसरे को अपनी ओर इतना आकर्षित कर लेते हैं कि यह आकर्षण ही आसक्ति बनकर एक-दूसरे के दिल में 'स्थान' बनाने लगता है। कुछ चतुर किस्म के आशिक-मिजाज पुरुष, स्त्रियों की इस स्वाभाविक कमजोरी का लाभ उठाकर उन्हें अपनी चिकनी-चुपड़ी बातों से इतना प्रभावित कर लेते हैं कि वे अपनी दमित यौन इच्छाओं की पूर्ति इन महिलाओं से कर लेने में सफल हो जाते हैं। विवाहित होते हुए भी परस्त्री या पुरुष के इस प्रकार के यौन संबंध ही लोक-व्यवहार और कानूनी सीमाओं में अवैध संबंध कहलाते हैं। चूंकि इस संबंध को कानूनी और सामाजिक मान्यता नहीं है, इसलिए ऐसे संबंध ही सामाजिक अपराध या पाप कर्म कहलाते हैं। यदि अविवाहिता लड़कियां इस प्रकार के संबंध स्थापित करती हैं, तो उन्हें समाज में दुराचारिणी, कुलटा, व्यभिचारिणी आदि अशोभनीय नामों से पुकारा जाता है। ऐसी लड़कियां 'कॉलगर्ल' बन न केवल सामाजिक प्रदूषण फैलाती हैं, बल्कि यौन रोगों को भी फैलाती हैं।

अवैध संबंध समाज को तोड़ते हैं : हमारे सामाजिक जीवन में आज भी कोई स्त्री अथवा पुरुष इस व्यवहार को सरलता से हजम नहीं कर पाता कि उसकी पत्नी

अथवा पति के संबंध किसी परपुरुष अथवा स्त्री से हों। इसे सिनेमाई संस्कृति का प्रभाव कहें अथवा पश्चिमी सभ्यता की देन, जिससे आज इस प्रकार के अवैध संबंधों की संख्या बढ़ रही है। अवैध संबंधों के कारण हमारी सामाजिक समस्याएं और विकृतियां बढ़ रही हैं। अवैध संबंधों के कारण गंभीर अपराध बढ़ने लगे हैं, पारिवारिक विघटन और यौन रोगों में वृद्धि हुई है। 'एड्स' जैसे रोगों का फैलना इस बात का द्योतक है कि समाज में 'असुरक्षित यौन संपर्क' की घटनाएं बढ़ रही हैं, जो निश्चय ही अवैध संबंधों की देन हैं। होटल-ढाबे, सड़क किनारे बने हुए सरकारी और गैर सरकारी विश्राम गृह, यहां तक कि ब्यूटी पार्लर जैसे स्थान यौन-व्यवहारों के केंद्र बने हुए हैं, जहां चोरी छिपे देह-व्यापार धड़ल्ले से होते हैं।

परिवार भी यातना झेलता है : जब पुरुष अथवा स्त्री अपना परिवार छोड़कर दूसरे पुरुष अथवा स्त्री का सहारा लेता है, तो इससे परिवार के अन्य सदस्यों में जो हीनता अथवा आत्मग्लानि का भाव आता है, वह किसी मानसिक यातना से कम नहीं होता। विशेषकर बच्चों पर क्या बीतती है, इसका अहसास तो बच्चे ही कर सकते हैं। उनकी प्रतिशोधी भावनाएं एक दिन उन्हें पूरी सामाजिक व्यवस्था के प्रति विद्रोही बना देती है।

महिलाएं ही दोषी ठहराई जाती हैं : अवैध संबंधों की स्थापना के पूरे चक्र में बदनामी का 'ठीकरा' अंत में औरतों के सिर पर ही फोड़ा जाता है, स्त्रियों को ही दोषी माना जाता है। कुछ लोग यह मानते भी हैं कि स्त्रियां भावनात्मक रूप से जब असुरक्षित अनुभव करती हैं, तो वे ऐसे संबंध स्थापित कर लेती हैं। यह बात पूरी तरह से ठीक नहीं। न ही इन संबंधों को सुरक्षा की गारंटी समझना चाहिए। वास्तव में इस प्रकार के संबंधों के स्थापित करने के पीछे जितने भी तर्क दिए जाते हैं, वे इतने बौने होते हैं कि किसी के गले नहीं उतरते। इसलिए इन अवैध संबंधों की मृगतृष्णा से बचना ही इस समस्या का समाधान है। एक स्त्री अथवा पुरुष से बेवफाई कर दूसरे स्त्री अथवा पुरुष से वफा की उम्मीद करना न तो तर्क संगत है और न ही सार्थक। ऐसे संबंधों को जीवन-भर का समझौता कहना अथवा समझना मूर्खता से अधिक कुछ नहीं। वास्तव में यह एक ऐसा सामाजिक अपराध है, जिसे किसी भी स्तर पर क्षमा नहीं किया जा सकता।

पवित्र विश्वास को न तोड़ें : विवाह के बाद पति-पत्नी दोनों एक-दूसरे पर इतना अधिक विश्वास करते हैं कि यह विश्वास ही उनके जीवन का आधार बन जाता है। अवैध संबंध इस विश्वास को ही तोड़ देते हैं। एक बार विश्वास टूट जाने के बाद विश्वासघातों का जो क्रम चलता है, उसका अंत भी बड़ा भयानक होता है।

अवैध संबंधों के औचित्य को प्रतिपादित करने के लिए अनेक टी.वी. सीरियल दिखाए जाते हैं, लेकिन अंत में किसी भी सीरियल में इतना साहस नहीं होता कि वह इस सत्य को झुठला दे कि विवाह एक पवित्र समझौता है। अवैध संबंधों को मान्यता देने का साहस आज तक कोई नहीं जुटा सका है।

अतः इन संबंधों की दलदल में फंसे स्त्री-पुरुषों को समझ लेना चाहिए कि अवैध संबंधों को स्थापित करने की अपेक्षा जीवन की वास्तविकताओं को जानें, समझें और इस मृगतृष्णा से मुक्त हों। अवैध संबंधों को बनाए रखना अथवा अपनी जिंदगी को दांव पर लगाने, अपने-आप को अभिशप्त बनाए रखने की अपेक्षा हितकर है कि वे इन संबंधों से तौबा करें और वक्त रहते संभल जाएं। इस सत्य को स्वीकारें कि दूर के ढोल सुहावने होते हैं।

उत्तेजक व्यवहार से बचें : कामकाजी जिंदगी में, स्कूल-कॉलेज के जीवन में, हॉस्टल अथवा यात्रा के क्रम में, फिसलन भरी किशोरावस्था में अपनी सोच, अपने आचरण और व्यवहार को कहीं भी असंतुलित अमर्यादित न बनाएं। एकांत में किसी भी पुरुष अथवा स्त्री से मिलना, पुरुष अथवा महिला सहकर्मी से अंतरंगता भरी बातें करना, मधुर चितवन से आंखों में आंखें डालकर देखना, मुस्कराना, एक-दूसरे की निकटता चाहना, एक-दूसरे को स्पर्श करना, हाथ मिलाना, उपहार देना अथवा लेना, एकांत में खाने-पीने की वस्तुएं देना-लेना, होटलों अथवा क्लबों में अकेले बैठना, ताश अथवा रम्मी खेलना, देर रात तक साथ-साथ रहना, अकेले सफर करना, निश्चय ही स्त्री अथवा पुरुष को कमजोर बनाते हैं और ऐसे अवसरों पर अच्छे-अच्छे अपने ऊपर नियंत्रण खो बैठते हैं। पुरुष स्त्रियों की कमजोरियों से और स्त्रियां पुरुषों की कमजोरियों से लाभ उठाने में नहीं चूकते हैं। इसलिए आप चाहे सामाजिक जीवन में हों अथवा कामकाजी जीवन में, संपर्क में आने वाली स्त्रियों अथवा पुरुषों से एक निश्चित और मर्यादित दूरी बनाकर रखें, विशेष कर अपने अधीनस्थ कर्मचारियों (महिलाओं) से। यदि आप इन महिलाओं अथवा पुरुषों के किसी भी 'ऑफर' को मान लेंगे अथवा अनुचित इच्छा की पूर्ति कर लेंगे, तो अवैध संबंधों के बनने में समय नहीं लगेगा।

संपर्क बनाने में सावधानी रखें : कामकाजी जीवन में ऐसे पुरुषों अथवा स्त्रियों का साथ न दें, जो स्वयं अच्छे चरित्र के न हों। कुछ स्त्रियां अथवा पुरुष दूसरों की कमजोरियों, कमियों, दोषों से अनुचित लाभ उठाते हैं। ऐसे लोगों की परख आप स्वयं करें और ऐसे लोगों की परख करना कोई कठिन काम नहीं। किसी भी स्त्री अथवा पुरुष पर किए हुए अहसानों का मूल्य चुकाने की अपेक्षा न करें। इस प्रकार की अपेक्षाएं ही अवैध संबंधों को जन्म देती हैं।

अपने सामाजिक और पारिवारिक जीवन में अपने बड़े अथवा छोटे लोगों की सहानुभूति प्राप्त करने की सोच न पालें, न ही ऐसे लोगों से अधिक मेल-जोल बढ़ाएं। ऐसे लोगों से बड़ी-बड़ी अपेक्षाएं भी न रखें। ऐसे लोगों की बराबरी करने की भी कोशिश न करें, जो आपसे कहीं अधिक बड़े, सबल और प्रभावशाली हैं अथवा जिनके पास बहुत अधिक पैसा है, बड़े व्यापारी या पूंजीपति हैं या फिर जो लोग पैसे के बल पर चाहे जो कर सकते हैं, चाहे जिसे पा सकते हैं।

जीवन की सच्चाई को समझें : सिनेमा की ग्लैमर भरी चमक-दमक और वास्तविक जीवन में बड़ा अंतर है, इस अंतर को समझें। समाज में फैले हुए इस प्रदूषण से बचने के लिए बहुत आवश्यक है कि आप स्वयं और अपने पुत्र-पुत्रियों को कहीं भी कमजोर न बनने दें। पुरुष अथवा स्त्री मोहजाल में फंस कर अपनी जिंदगी को अपमानित और तिरस्कृत होने से बचाएं और अपने सामाजिक संबंधों का कहीं भी उल्लंघन न करें। मामला चाहे नमिता सिंह का हो अथवा नैना साहनी का, पत्रकार शिवानी का हो अथवा कवयित्री मधुमिता का, जैसिका लाल का हो या फिर आगरा की किसी साधारण शिक्षिका का, अवैध संबंध की त्रासदी तो उन्हें झेलनी ही पड़ी।

महानगरों में ही नहीं अब शिवपुरी, ग्वालियर जैसे छोटे शहरों और कस्बों में भी इस प्रकार के संबंधों का प्रचलन बढ़ रहा है और फिर इन संबंधों के कारण रोज हत्याएं होती हैं। विशेष बात तो यह है कि इन संबंधों के कारण हत्या करने वाले उनके अपने ही पिता, पति, प्रेमी, यहां तक कि सगे भाई ही होते हैं।

सच तो यह है कि अवैध संबंध हमेशा पतन, पाप, अनर्थ को जन्म देते हैं। इन संबंधों के लिए स्त्री-पुरुष दोनों ही समान रूप से बराबर के दोषी-हिस्सेदार होते हैं, इसलिए इन संबंधों के लिए जब जागो तब सवेरा मान कर इनसे तौबा कर लें।

अवैध संबंधों को बनाकर जीवन-भर रोने से तो अच्छा है कि आप मर्यादित जीवन यापन करें। प्रगतिशीलता के इस युग में विवेकसम्यक् आचरण करें। अवैध संबंध स्थापित कर कोई भी पुरुष अथवा स्त्री सामाजिक प्रतिष्ठा नहीं पा सकता। वास्तव में यह एक ऐसी दुधारी तलवार है, जो हर प्रकार से आपका ही अहित करती है। अवैध संबंध अथवा विवाहेतर परपुरुष अथवा परस्त्री से रखे गए संबंध आपको कहीं का नहीं छोड़ेंगे। अतः इस मृगतृष्णा से स्वयं बचें और बच्चों को बचाएं।

❐❐❐

सकारात्मक सोच पालें

- प्रत्येक व्यक्ति सफल, हंसमुख, प्रसन्नचित्त, उत्साही व्यक्ति की संगति चाहता है, क्योंकि ऐसे व्यक्ति विषम परिस्थितियों में भी कभी हताश, निराश और दुखी नहीं होते।
- भाग्य का रोना रोने वाले व्यक्तियों की सोच हमेशा निराशाजनक होती है। ऐसे व्यक्ति अपने ही परिचय क्षेत्र में हंसी और उपेक्षा के पात्र बनते हैं।
- सकारात्मक सोच हमारे चरित्र, मन और मस्तिष्क को सक्रिय बनाती है।

जब कोई व्यक्ति लगातार निराशाओं के सागर में डूबता-उतराता रहता है, तो आशाएं अपने-आप दम तोड़ने लगती हैं। सकारात्मक सोच अपनाने से आशय यह है कि आपको अपने सीमित साधनों में ही अपनी सफलता, लक्ष्य प्राप्ति के प्रयास करने हैं। अपनी सामाजिक और आर्थिक स्थिति में संतोष कर अपनी प्रगति का मार्ग तलाश करना है। अपनी किसी असफलता के लिए दूसरों को दोषी ठहराना ही नकारात्मक सोच है।

"मेरे पास पूंजी का अभाव है अन्यथा मैं शहर में एक ऐसा शोरूम खोलना चाहता हूं कि एक वर्ष में वारे-न्यारे हो जाएं।" जैसी बातें शेख-चिल्लीपन की बातें हैं।

आपकी सफलता का आधार है आपका चिंतन : चाहे व्यापारिक क्षेत्र हो अथवा सामाजिक जीवन का व्यवहार, आपकी सोच, विचार, चिंतन और भावनाएं ही आपकी सफलता का आधार बनती हैं। उपलब्धियों को प्रभावित करती हैं। आपको सामाजिक जीवन में प्रतिष्ठा अथवा अपमान दिलाती हैं। जिस प्रकार के विचार

हमारे मन और मस्तिष्क में आते हैं, हमारी कार्य शैली भी उसी से प्रभावित होती है। विचार और सोच ही व्यक्ति की अन्य गतिविधियों को निर्धारित करती है। वैज्ञानिकों का मत है कि विचारों के अनुरूप ही मस्तिष्क क्रियाएं करता है। कुत्सित और अश्लील विचार हमारी भावनाओं को दुष्कर्मों अथवा अपराधों के लिए प्रेरित करते हैं। यदि व्यक्ति के इन विचारों को तात्कालिक प्रेरक व्यवहार मिल जाते हैं, तो वह अपना आचरण भी उसी के अनुरूप करने लगता है। इस समय वह विवेकशून्य हो जाता है। यहां तक कि उसे अच्छे-बुरे का ज्ञान भी नहीं रहता। ऐसे विचार और सोच ही हमें पतनोन्मुख बनाते हैं। इसीलिए कहा जाता है कि दूषित विचारों को मन में न आने दें।

"पिछले कुछ दिनों से मेरा झुकाव पड़ोस की एक ऐसी महिला की ओर हो गया है, जो दो बच्चों की मां है। यकीन मानिए, उसके प्रति मेरी भावनाएं बड़ी पवित्र हैं। मेरी सोच में कहीं भी छिछलापन नहीं। मैं एक जिम्मेदार अधिकारी हूं और कामकाज के दौरान मेरा संपर्क कई महिलाओं से होता है, लेकिन किसी के प्रति मेरे मन में वह भाव जागृत नहीं हुआ, जो इसके प्रति हो गया है। उसे देख लेने की और उससे बात करने की एक अद्भुत चाह, ललक, इच्छा, उत्कंठा, हमेशा बनी रहती है। उसे देखकर आत्मिक शांति तो मिलती ही है, ऐसा लगता है कि उससे मेरा कोई पिछले जन्म का संबंध था। उसके अभाव में हमेशा एक रिक्तता-सी बनी रहती है। क्या यह पिछले जन्मों के संबंधों के कारण है? मैं क्या करूं, जबकि मैं अपनी पत्नी और परिवार से संतुष्ट हूं। मेरी अच्छी सामाजिक प्रतिष्ठा है, जिम्मेदार पद पर हूं, लेकिन इस महिला के कारण मेरा जीवन इतना अशांत हो गया है कि लगता है कि मैं...मेरी मदद कीजिए, आपका समाधान मेरे अशांत मन को शांत कर सकता है, मेरी सोच को दिशा दे सकता है...।"

एक अधिकारी की मानसिक सोच का कारण चाहे जो भी हो, पत्रिका के संपादक का अथवा विशेषज्ञ मनोचिकित्सक का समाधान चाहे जो भी हो, इतना अवश्य है कि आज के कामकाजी जीवन और प्रगतिशीलता के इस युग में सैकड़ों पुरुष, महिलाएं और प्रौढ़ कुमारियां ऐसी हैं, जो यह तय ही नहीं कर पाते कि उनकी इस प्रकार की सोच का क्या परिणाम होगा? क्या उनकी इस प्रकार की सोच, चिंतन और विचार ठीक हैं? इस प्रकार की सोच को यदि उचित समय पर उचित मार्ग निर्देशन न मिले, तो ऐसे लोग ही मानसिक दृष्टि से पंगु हो सकते हैं। कोई कारण नहीं कि ऐसी सोच वाले लोग जाने-अनजाने में कुछ ऐसा कर बैठें, जिससे न केवल वे स्वयं अपमानित और उपेक्षित होंगे, बल्कि वे अपने क्षेत्र में 'असामान्य' और 'ऐबनॉर्मल' करार दे दिए जाएं और उन्हें जग हंसाई के सिवाय कुछ भी

पल्ले न पड़े। थोड़े-से विवेक के अभाव में ऐसे लोग अपने परिवार की शांति को तो समाप्त कर ही लेते हैं, दूसरे परिवार को भी बर्बाद कर देते हैं। वास्तव में वे यह नहीं जानते कि उनकी इस प्रकार की सोच एकतरफा व्यवहार है, रुग्ण सोच है, मानसिक विकृति है।

सकारात्मक सोच मनोबल बढ़ाती है : सकारात्मक सोच का सीधा संबंध मनोबल और आत्मविश्वास से होता है। इसलिए आप चाहे किसी भी क्षेत्र में हों, महिला हों अथवा पुरुष, घर में हों अथवा बाहर, अपनी सोच, आचरण, व्यवहार और चिंतन को सकारात्मक बनाएं।

सकारात्मक सोच के क्रम में उक्त अधिकारी की सोच पूरी तरह से भावुकता पर आधारित, दायित्वहीन और मानसिक विकारों से ग्रसित है। इस प्रकार की सोच ही हमें पग-पग पर कमजोर, असफल और भीरु बनाती है और हमारे पारिवारिक और दांपत्य संबंधों में भी तनाव, टकराव, बिखराव की स्थिति निर्मित करती है। वास्तव में इस प्रकार की सोच न केवल हमारी मानसिक कमजोरी है, बल्कि हमारी अदूरदर्शिता का प्रतीक भी है।

रुचियों को विकृत न होने दें : सामाजिक जीवन में हमारा प्रत्यक्ष और अप्रत्यक्ष संबंध समाज के विभिन्न वर्गों, व्यक्तियों से होता है। संपर्क अथवा संबंधों के इस व्यवहार में स्त्रियों का पुरुषों के प्रति अथवा पुरुषों का स्त्रियों के प्रति आकर्षण, लगाव, झुकाव, निकटता या आसक्ति का भाव पैदा हो जाना स्वाभाविक व्यवहार है। इस प्रकार के लगाव का एक प्रमुख मनोवैज्ञानिक कारण यह भी है कि कुछ वस्तुओं, रंगों, क्रियाओं, अंगों, व्यवहारों, अदाओं, भंगिमाओं के प्रति हमारे मन में सहज आकर्षण और आसक्ति होती है। जब हम इन गुणों, व्यवहारों, क्रियाओं, अदाओं को किसी दूसरे में पाते हैं, तो सहज में ही हमारा सोया हुआ आकर्षण, इच्छा और पसंद जागृत हो उठते हैं, जिससे उसके प्रति एक अदृश्य खिंचाव, आकर्षण, झुकाव हमारे मन में पैदा होने लगता है। बस, यही सब अच्छा लगता है। अच्छे लगने के इस व्यवहार को किसी भी प्रकार से अनुचित प्रोत्साहन नहीं मिलना चाहिए, क्योंकि इससे हमारी सोच में विकृति आती है, हमारी सोच प्रभावित होती है। चूंकि इस प्रकार की सोच नितांत एक पक्षीय होती है, इसलिए इसे किसी भी स्तर पर कोई मान्यता अथवा प्रतिष्ठा तो मिलती नहीं, इसलिए इस सोच को दूसरों पर लादने का प्रयत्न और प्रयास भी कभी नहीं करना चाहिए। हां, अपनी इस सोच को अच्छे संबंधों की आधारशिला बनाया जा सकता है। मैत्री संबंधों, परस्पर सहयोग और सद्भावना के लिए अपनाया जा सकता है। एक-दूसरे का विश्वास प्राप्त कर निकटता लाई जा सकती है।

जीवन के यथार्थ को पहचानें : जीवन में सबको सब कुछ नहीं मिलता। न ही सब कुछ मनचाहा होता है। हमें जो मिला है, मिल रहा है, उससे संतुष्ट हों। अपनी सीमाओं, क्षमताओं और सामर्थ्य को जानें। अपने वर्तमान के प्रति, अपनी क्षमताओं के प्रति, अपने साधनों के प्रति हताश और निराश न हों। अपनी सीमा और साधनों में ही खुशियां तलाशें और अपनी सोच को यथार्थ का आधार दें। सुख और संतुष्टि की अपनी परिभाषाएं बनाएं और जीवन के प्रति अपनी निजी सोच को मान्यता और प्रतिष्ठा दें। केवल खाना-पीना और मौज करना ही जीवन का उद्देश्य नहीं होना चाहिए। हम में से बहुत से लोग जीवन में ऋण लेकर घी पीने में विश्वास रखते हैं।

आशय यह है कि जो सुलभ नहीं है, आपकी सीमाओं से बाहर है, सामाजिक वर्जनाओं की सीमाओं में है, उसके प्रति मन में नैराश्य भाव लाना और उसके लिए दुखी होना मूर्खता नहीं तो और क्या है ? ऐसी सोच मन में न लाएं। यह ठीक है कि इस संसार में असंभव कुछ नहीं, लेकिन जीवन के यथार्थ को न नकारें।

साधनों की पवित्रता बनाए रखें : अपनी सोच को मूर्त रूप देने में साधनों की पवित्रता को भी ध्यान में रखें। अपने प्रयासों में कहीं भी शिथिलता न आने दें। न ही किसी प्रकार की असफलता के सामने हथियार डालें। उत्साह, लगन, निष्ठा, ईमानदारी और विवेक के साथ साधनों के अनुरूप अपने विचारों को मूर्त रूप दें।

भव्य शोरूम खोलने के लिए यदि आपके पास अभी साधन नहीं है, तो पहले साधनों के अनुरूप छोटे प्रयास करें। छोटी दुकान से अपने लक्ष्य की ओर प्रयास करें। आपकी मेहनत एक दिन छोटी-सी दुकान को ही बड़े शोरूम में बदल सकती है।

संकट के समय विवेक से काम लें : संकट के समय ही व्यक्ति के धैर्य, विवेक की परीक्षा होती है। अतः संकटों का सामना विवेक से करें। जब विपरीत दिशा में हवा चल रही हो, तो रुक कर अनुकूल दिशा में हवा बहने का इंतजार करना ही बुद्धिमत्ता है। विपरीत दिशा में हवा के साथ चलना कठिन होता है। इस सत्य को विवेक के साथ स्वीकारें। संकट का सामना करके ही व्यक्ति मजबूत बनता है। सोना तपकर ही शुद्ध होता है। परीक्षाओं में सफल व्यक्ति ही आगे बढ़ते हैं। संकट तो एक प्रकार से व्यक्ति की परीक्षा लेते हैं और फिर परीक्षा में सफलता ही व्यक्ति को आगे बढ़ने का संकेत करती है।

विचारों को मूर्त रूप देने से पहले उसके संभावित परिणामों पर विचार अवश्य करें। आप अपनी सफलताओं के प्रति चाहे कितने ही आशवस्त हों, उत्साही हों, प्रफुल्ल हों, अपनी सोच को कहीं भी अमर्यादित न बनाएं।

अहंकार से बचें : इस बात का भी ध्यान रखें कि अति सफल व्यक्ति कभी-कभी इतना दंभी, स्वेच्छाचारी और घमंडी हो जाता है कि उसके आंखों के सामने मद्य की चर्बी छा जाती है। वह किसी को कुछ समझता ही नहीं। वास्तव में यहीं से उसके पतन की शुरुआत हो जाती है। इसलिए सकारात्मक सोच के इस पक्ष को भी नजर अंदाज न करें। अभावों में रहना कोई अभिशाप नहीं, बल्कि यह तो क्रियाशील बने रहने के लिए आवश्यक है। अतः अभावों में रहना सीखें। अभावों का अंधकार दूर होने में समय नहीं लगेगा।

पारिवारिक समस्याओं, व्यवहारों के समाधान में हमेशा परिवार के अन्य सदस्यों का सहयोग लें। उनके विचारों, भावनाओं, इच्छाओं और अपेक्षाओं को जानें। उन्हें इतनी स्वतंत्रता अवश्य दें कि अपनी उड़ान खुद उड़ सकें। उनकी किसी असफलता के लिए उन्हें कमजोर, निःसहाय, पंगु न समझें और न ही उन्हें उनकी कमियों के लिए कोसें, न अपमानित करें। बात चाहे महिला मित्र की हो अथवा पुरुष संबंधी की, पति की हो अथवा पत्नी की, लड़के के संबंधों की हो अथवा लड़कियों के प्रेम-संबंधों या शादी की, करियर की हो या फिर दांपत्य जीवन की, पारिवारिक जीवन में हमेशा संवाद बनाए रखें और एक-दूसरे की भावनाओं से जुड़ें। एक-दूसरे पर अपने निर्णय न थोपें।

विश्वास की पवित्रता बनाए रखें : अपने दृष्टिकोण को सकारात्मक बनाने के लिए मन में किसी प्रकार की प्रतिशोधी भावनाएं और विचार न लाएं। इससे आप जहां तनावमुक्त रहेंगे, वहीं आपकी सोच भी विकसित होगी। अतः अपनी आत्म-संतुष्टि के लिए अपनी प्रतिभा का विकास करें। दूसरों से अपने को अलग अथवा विशिष्ट न समझें। दूसरों की सफलताओं से खुश हों, प्रसन्न हों और खुले दिल से उनकी सफलताओं को सराहें, स्वीकारें। उन्हें अपनी ओर से हार्दिक बधाई, शुभकामनाएं और स्नेह दें। समाज और परिवार के प्रति अपने दायित्वों को जानें, उनका निर्वाह करें। दूसरों के विश्वास को भी मान्यता दें। केवल आपको अच्छा लगना ही काफी नहीं, अच्छा लगने के इस व्यवहार की भी अपनी सीमाएं हैं। सीमाओं में ही अच्छे की गौरव-गरिमा और प्रतिष्ठा है। हमारे सामाजिक और पारिवारिक जीवन में सभी संबंध पवित्रता पर आधारित हैं, अतः अपने स्तर पर इस पवित्र विश्वास को कहीं भी टूटने न दें। दांपत्य संबंधों की मधुरता के लिए आवश्यक है कि हम एक-दूसरे के हमदर्द बनें, निकट आएं और अंतरंगता के इन क्षणों को पूरे विश्वास और आत्मीयता के साथ जिएं।

दबाव में निर्णय न लें : भ्रम, भय और चिंताग्रस्त होकर कभी कोई निर्णय न लें। जब मन ही शुद्ध, निर्मल, संतुलित, शांत नहीं होगा, तो निर्णय कैसे निष्पक्ष

हो सकेंगे। ऐसे क्षणों में लिए गए निर्णय भी एक पक्षीय होंगे, जो ईर्ष्या-द्वेष से प्रेरित हो सकते हैं। ऐसे क्षणों में लिए गए निर्णय आपके पतन का कारण हो सकते हैं।

दृष्टिकोण को सकारात्मक बनाएं : आज के प्रगतिशील युग में जबकि जीवन के प्रति हमारी सोच, मान्यताएं, आदर्श और विश्वास बदल रहे हैं, हमें दूसरों के प्रति अपने दृष्टिकोण को भी सकारात्मक बनाना चाहिए, ताकि हम एक अच्छे समाज के नागरिक होने का गौरव प्राप्त कर सकें। अपने तो हमें अपनाएं ही, साथ ही दूसरे भी हमें प्रतिष्ठा दें, वह प्रतिष्ठा, जो हमने अपने सकारात्मक सोच के कारण प्राप्त की है अथवा हमें मिलनी चाहिए।

सकारात्मक सोच आपकी सफलता का एक ऐसा गुरुमंत्र है, जो आपके साथ में है। चूंकि समाज में आपके आचरण का हमेशा मूल्यांकन होता रहता है, इसलिए अपनी इस सोच को कहीं भी असंतुलित, अमर्यादित न होने दें। अपने व्यक्तित्व को तेजवान बनाएं। जीवन में अपनी सोच को कहीं भी असामान्य न होने दें, क्योंकि हमारा अस्तित्व, हमारी प्रतिष्ठा, हमारी अस्मिता, हमारी सफलता, हमारे सामाजिक अथवा असामाजिक होने आदि सब बातों को हमारी सोच ही प्रभावित करती है। अतः अपनी सोच को सकारात्मक बनाएं।

❏❏❏

सत्य का साथ पकड़ें

- स्वविवेक से ही व्यक्ति सही-गलत का निर्णय लेता है। सही निर्णय ही व्यक्ति के भाग्य का निर्माण करते हैं।
- बुद्धि और विवेक की कसौटी पर लिए गए निर्णय सही और सत्य होते हैं।
- व्यक्ति की श्रेष्ठता उसके सही विचारों और सत्यनिष्ठ होने पर निर्भर करती है।
- मनुष्य शिव स्वरूप को तभी पा सकता है, जब वह सत्य का साथ पकड़े।

जीवन का लक्ष्य निर्धारित करते समय इस सत्य को कभी न भूलें कि साधनों की पवित्रता से ही पवित्र लक्ष्य की प्राप्ति की जा सकती है। कर्म के अनुसार ही फल की प्राप्ति होती है, यही शाश्वत नियम है, ठीक उसी प्रकार जैसे कि बबूल का पेड़ उगाकर उस पर आम के फलों की आशा करना व्यर्थ होता है। अतः अच्छा लक्ष्य पाने के लिए पवित्र साधन अपनाएं। सच्चाई का साथ दें।

आज के सामाजिक और कामकाजी जीवन में सही बात न कह पाने का कारण अव्यवस्था और अनुशासनहीनता है। लोग प्रायः आपस में भी सही बात कहने और करने में मुंह छिपाते हैं। अधिकांश लोगों का व्यवहार "चोर से कह कि चोरी कर और साहूकार से कह कि होशियार रहना" जैसा दोगला होता है। इस प्रकार की व्यवस्था ही तनावों को पैदा करती है। आपको व्यावहारिक जीवन में कई बार ऐसे अवसरों का सामना करना पड़ता होगा, जब आपको किसी की कोई बात या व्यवहार अनुचित लगता है अथवा आप समझते हैं कि यह ठीक

नहीं। ऐसी स्थिति में भी आप सच का साथ नहीं देते। सच्चाई से मुंह मोड़ लेते हैं। अनजान बन जाते हैं। देखकर भी अनदेखा कर देते हैं। "कौन मुसीबत मोल ले...," "हमारी बला से", "कौन दूसरे के फटे में पांव फंसाए", "आ बैल मुझे मार...", "हमें क्या करना...", "यह तो उनका निजी मामला है..." जैसे शब्द कह कर अपने सामाजिक दायित्वों से मुख मोड़ लेते हैं। यह बात अनुचित है, मानवतावादी आदर्शों के खिलाफ है।

संवेदना को भार देती है आत्मविश्वास की कमी : दुर्घटनाग्रस्त पड़े हुए लहूलुहान व्यक्ति को देखकर भी बहुत से लोगों के मन में कोई दया भाव पैदा नहीं होता। इतनी हृदयहीनता आखिर मनुष्य के मन में क्यों पैदा हो गई है ? वास्तव में इसका कारण यह है कि हम सत्य का साथ नहीं देते। सही कहने और करने में हमें डर लगता है। किसी की जेब कटते देखकर भी हम चुप रहते हैं। सरेआम राह चलते गुंडों की गुंडागर्दी हम सहन करते हैं। महिलाओं पर होने वाले अश्लील तानों को सुनकर भी अनसुना कर देते हैं। यदि हम पर कोई आवाज कसता है, तो भी सुनकर चुप हो जाते हैं। वास्तव में आज इस प्रकार के अपराध केवल इसलिए बढ़ रहे हैं, क्योंकि लोग ऐसे व्यवहारों का विरोध नहीं करते। सही कहने में संकोच करते हैं, डरते हैं। इस प्रकार के अपराधी केवल विरोध न होने के कारण ही सरेआम बेखौफ घूमते रहते हैं और छोटे-बड़े कर्मचारी, अधिकारी, दुकानदार, कामकाजी महिलाएं, लड़कियां सिर नीचे किए बचकर निकल जाने में ही अपनी भलाई समझते हैं।

आत्मविश्वास के लिए सद्‌गुणों को अपनाएं : सरकारी कर्मचारी, दुकानदार और दूसरे किस्म की सेवाएं करने वाले सरेआम चोरी करते हैं। सुविधा शुल्क की मांग करते हैं। कोई समय की चोरी कर रहा है, तो कोई सरकारी सामान की, कोई बिजली की तो कोई पानी की, कोई कानून की चोरी तो कोई व्यवस्था की चोरी, कोई हेराफेरी तो कोई सीना जोरी, और लोग हैं कि मूकदर्शक बने हाथ पर हाथ धरे सब कुछ देखते रहते हैं। कभी सरकार को कोसते हैं, तो कभी नेताओं को, जबकि इस अव्यवस्था के लिए पूरी तरह से हम स्वयं ही जिम्मेदार हैं। यह बिल्कुल सही है कि हम में सही को सही कहने का और गलत को गलत कहने का साहस ही नहीं रहा। हमारी इस अकर्मण्यता, उदासीनता और भीरुपन का ही लाभ असामाजिक लोग उठाते हैं और उनके हौसले दिनों-दिन बढ़ते जाते हैं। जबकि सत्य यह है कि गुंडों को सबसे अधिक डर शरीफों से लगता है।

विद्यालय में सोनी जी के सभी साथी शिक्षक सोनी जी को हरिश्चंद्र कहकर उनका मजाक उड़ाते थे, लेकिन सोनी जी पर इसका कोई प्रभाव नहीं पड़ता था। वे

समय पर विद्यालय आते, कक्षा में जाते, पढ़ाते, अपना काम करते। शीघ्र ही वे छात्रों के लोकप्रिय शिक्षक बन गए। धीरे-धीरे उनकी लोकप्रियता अभिभावकों तक पहुंची, शीघ्र ही उन्हें नगर की सामाजिक संस्था ने नागरिक सम्मान देकर उनके प्रति अपना सम्मान प्रकट किया।

सत्य छिपाए नहीं छिपता : आशय यह है कि सत्य का प्रकाश कभी कम नहीं होता। सत्य को चाहने वालों का भी अभाव समाज में नहीं है। सत्य कभी छिपता नहीं। यदि आप सही आचरण करेंगे, तो कोई कारण नहीं कि आपको सही कहने वाले न मिलें। वे स्वयं भी सही करने के लिए कभी-न-कभी प्रेरित अवश्य होंगे। चुंबक को यदि सादे लोहे पर रगड़ा जाए, तो उसमें भी चुंबक के गुण पैदा हो जाते हैं। उचित की प्रशंसा करना ही सही बात का समर्थन करना है। हमारा जनमत भी सही व्यवहार को ही मान्यता एवं प्रतिष्ठा देता है और जनमत की उपेक्षा कोई नहीं कर पाता। वास्तव में जनमत एक ऐसा विचार है, जिसे अच्छे-अच्छे तानाशाह भी नहीं नकार सके। अवैध संबंधों को समाज में केवल इसीलिए मान्यता नहीं मिलती, क्योंकि इससे सारी सामाजिक व्यवस्था ही छिन्न-भिन्न हो जाएगी। इसलिए अवैध संबंध चाहे कोई कितना ही बड़ा आदमी स्थापित करने की चेष्टा करे, उसे समाज में बुराई ही मिलेगी। इसलिए इस प्रकार के अवैध संबंधों अथवा अनुचित व्यवहारों को रोकने वालों का हौसला इसलिए बढ़ता है, क्योंकि उसका विरोध कम ही लोग कर पाते हैं।

आत्मविश्वास के लिए नैतिकता जरूरी है : सही को सही न कह पाने का कारण हममें नैतिकता की कमी है। हमारी कथनी और करनी में अंतर है। गुड़ तो खाते हैं, लेकिन अवसर आने पर 'गुलगुलों' से परहेज करते हैं। जब हम दूसरों से यह कहते हैं कि समय पर आना चाहिए, चोरी नहीं करनी चाहिए, दूसरों के हक नहीं मारने चाहिए, तो सबसे पहले हमें अपना मूल्यांकन करना चाहिए और यह देखना चाहिए कि हम स्वयं इन बातों का कितना ध्यान रखते हैं। यदि हम स्वयं अपने आचरण का मूल्यांकन इन व्यवहारों के परिप्रेक्ष्य में करेंगे, तो हम अवश्य ही सही कह पाने का साहस जुटा पाएंगे। इस प्रसंग में एक कथा बहुत प्रचलित है–

एक बार एक मां ने गांधीजी से शिकायत की कि उसका बेटा गुड़ बहुत खाता है। आप उसे गुड़ खाने से मना करें। गांधी जी ने मां से कहा कि आप सात-आठ दिन बाद आएं। मां बड़ी निराश होकर चली गई। दस दिन बाद फिर पहुंची, तब गांधी जी ने बालक को बुलाकर केवल इतना ही कहा, "तुम गुड़ खाना छोड़ दो। अधिक गुड़ खाने से हानि होती है।"

गांधी जी के शब्दों का चमत्कार हुआ। दूसरे दिन से ही बालक ने गुड़ खाना छोड़ दिया। मां बड़ी प्रसन्न थी। तीसरे-चौथे दिन जाकर गांधी जी के प्रति कृतज्ञता ज्ञापित की और नम्रता से पूछा? ''आपने पहले ही दिन गुड़ न खाने के लिए क्यों नहीं कहा?'' गांधी जी ने एक क्षण सोचा और फिर सरल भाव से बोले, ''जब आपने बच्चे की गुड़ खाने की शिकायत की थी, तब मैं स्वयं भी गुड़ खाता था। मैंने गुड़ न खाने का अभ्यास किया। गुड़ खाना छोड़ दिया, तब मैंने बालक से गुड़ न खाने का अनुरोध किया। जिस व्यवहार को मैं स्वयं करता था, उसके लिए बालक को कैसे मना करता? अब मैं स्वयं गुड़ नहीं खाता, इसलिए बालक को मना करने में भी संकोच नहीं किया। यह उसी का प्रभाव है...।''

चरित्रवान की वाणी ही प्रभावी होती है : यदि हम स्वयं अपने आचरण में कहीं भी गलत हैं, तो हमारी वाणी में वह प्रभाव ही नहीं आ सकता। चोर मानसिकता वाली वाणी भला दूसरों पर क्या प्रभाव डालेगी? सही बात वही कह अथवा कर सकता है जिसका चरित्र और नैतिक दृष्टिकोण साफ-सुथरा हो, जिसका स्वयं का मनोबल ऊंचा हो। हमारे समक्ष अनेक महापुरुषों के उदाहरण हैं। नानक की वाणी, गांधी और महात्मा बुद्ध के उपदेश, महावीर की शिक्षाएं, प्रभु ईसा के वचन आदि। ये केवल इसलिए प्रभावशाली थे, क्योंकि वे सत्य से प्रेरित थे। जिसका मनोबल ऊंचा होता है, न्याय की बात वही कह अथवा कर सकता है। दूसरों के माल की इच्छा रखने वाले बेईमान, धोखाधड़ी करने वाले, ठगी करने वाले, अनैतिक साधनों से पैसा कमाने वाले, रिश्वत लेने वाले, अधिकारों का दुरुपयोग करने वाले, अपने धन-पद अथवा प्रभाव पर इतराने वाले, सब अनैतिक भावों से प्रभावित होते हैं, इसलिए ऐसे लोग कभी भी अपने-आप को मानसिक रूप से सुखी नहीं बना पाते। इसलिए अपने आचरण और व्यवहार को इन दुष्प्रवृत्तियों और व्यवहारों से दूर रखकर सोचें, सच्चाई स्वयं आपके सामने आ जाएगी। इस प्रकार की सोच अपनाकर देखें, आप में सही कहने का साहस स्वयं आ जाएगा।

अपना मूल्यांकन स्वयं करें : आत्म निरीक्षण और आत्म मूल्यांकन के लिए यहां कुछ प्रश्न दिए जा रहे हैं। इन प्रश्नों पर स्वयं मनन करें। अपनी उत्तर पुस्तिका (भले ही वह आपकी डायरी हो अथवा एक सादा कागज) में इन प्रश्नों के उत्तर 'हां' या 'ना' में लिख लें। प्रत्येक प्रश्न के लिए पांच अंक निर्धारित हैं। प्राप्तांकों से अपने सही अथवा गलत होने का अनुमान लगाएं। यदि आप अपने-आप को कुछ अंशों तक गलत पाते हैं, तो प्रयास करें कि आपकी मानसिकता में सुधार आ जाए। यदि आपको पर्याप्त अंक मिलते हैं, तो आप अवश्य ही समाज में अपनी श्रेष्ठता के लिए स्थापित हैं। अपनी इस स्थापना और छवि को निर्मल बनाए रखें :

- जब आप बस, रेल अथवा अन्य किसी सार्वजनिक स्थान, जैसे—अस्पताल, सिनेमा हॉल, पार्क आदि में किसी को धूम्रपान करते देखते हैं, तो क्या आप उसका विरोध करते हैं ? या आप केवल नाक-भौंह सिकोड़कर ही रह जाते हैं, मना नहीं कर पाते ?
- क्या संस्थान की वस्तुएं आप अपने निजी उपयोग में लाते हैं ? क्या आप अपने अधीनस्थ कर्मचारियों को संस्थान की वस्तुएं उपयोग में लाते देख कर चुप रहते हैं या मना करते हैं ?
- सरकारी दौरों पर अथवा संस्थान के खर्चों पर आप कुछ हेरा-फेरी तो नहीं करते? कम खर्च करके अधिक का भुगतान प्राप्त करने की आदत तो नहीं आपको ?
- कहीं आप अपना काम कराने के लिए 'सुविधा शुल्क' तो नहीं लेते अथवा देते ?
- क्या आप अपने घर के नल, बिजली आदि के बिलों में हेरा-फेरी तो नहीं करते ? दूसरे को इस प्रकार की हेरा-फेरी करते देख आप उसे मना करते हैं कि नहीं ?
- क्या आप मुहल्ले, पड़ोस अथवा संस्थान में होने वाली लड़ाई से अपने-आप को दूर रखते हैं अथवा न्याय की बात कह कर अपनी बात कहते हैं ?
- सड़क, बस, रेल अथवा गली में कोई व्यक्ति किसी महिला को छेड़ रहा हो, तो आप क्या करते हैं ? मना करते हैं, देखकर भी अनदेखा कर देते हैं या सिर नीचा कर निकल जाते हैं ?
- सहकर्मी महिला की भड़कीली पोशाक पर क्या आप उसे कुछ कहते हैं या उसे उसके हाल पर छोड़ देते हैं ? क्या स्वयं भी 'मजा' लेते हैं ?
- दूसरों का दिल रखने के लिए 'दो घूंट लेने' में कोई बुराई तो नहीं समझते ? पीने-पिलाने के इस व्यवहार का क्या आप विरोध करते हैं या स्वयं ऐसे लोगों का साथ देने लगते हैं ?
- क्या आप सहकर्मी मित्रों द्वारा कमाए गए अनुचित धन में अपना हिस्सा स्वीकार कर लेते हैं ?
- घर में आने वाली ऊपर की कमाई आप कितने उत्साह से स्वीकारते हैं ? उत्साही मन से या बुझे दिल से ?

- बस अथवा रेल में दूसरों को खड़ा देखकर आपके मन में क्या भाव पैदा होते हैं ? क्या सहयोग करते हैं ? अथवा यह सोचते हैं कि खड़ा रहने दो हमें क्या लेना-देना ?
- किसी पड़ोसी के बच्चे को आपने किसी गलत व्यवहार अथवा संगत में देख लिया, तो क्या आप उसे मना करते हैं या देखकर भी अनदेखा करते हैं ?
- जब कोई अपनी समस्या लेकर आपसे सलाह लेने आता है, तो आप उसके साथ कैसा व्यवहार करते हैं ? उपेक्षा का, आत्मीयता का, टकराने का या कोरी सहानुभूति ?
- दूसरों से अपेक्षाएं पूरी न होने पर उनके प्रति आपके मन में क्या भाव पैदा होते हैं ? प्रतिशोधी, सामान्य, आत्महीनता अथवा ईर्ष्याजन्य ?
- विवाह, जन्म-मरण पर कुछ दकियानूसी बातें होती हैं, जिनका वर्तमान जीवन में कोई अर्थ नहीं। क्या आप इनका विरोध करते हैं ?
- क्या आपका आचरण उनके सामने उन जैसी और इनके सामने इन जैसी बातें करने का है ?
- प्रलोभन पाकर आप पर क्या प्रभाव पड़ता है ?
- क्या आप पड़ोसियों, संबंधियों और मित्रों की बुराई करते हैं ?
- क्या आप उधार लेकर अपने शौक पूरे करने की मानसिकता में विश्वास करते हैं ? यदि कोई आपको इस प्रकार की सोच के लिए मना करता है, तो आपकी क्या प्रतिक्रिया होती है ?

ये केवल बीस प्रश्न हैं। यदि आप चाहें तो प्रगतिशील जीवन से संबंधित अनेक ऐसे प्रश्न स्वयं बना सकते हैं, और फिर इन प्रश्नों का मूल्यांकन स्वयं अपने स्तर पर करके ही अच्छे-बुरे, सही-गलत का निर्णय कर सकते हैं।

आशय यह है कि सामाजिक और पारिवारिक जीवन में, जो सही-सही होता है, उसे कोई भी गलत नहीं कहेगा। आप भी अपने सामाजिक जीवन में सही तरीके से जुड़ें।

जीने की कला जानें

- जीते तो सब हैं, लेकिन जीने की कला कुछ ही लोग जानते हैं।
- बड़े-बड़े सुखों की चाह में छोटे सुखों की उपेक्षा करना ही सुख से वंचित रहना होता है।
- सुख का संबंध धन-दौलत से नहीं, मन से होता है।

मनुष्य जीवन का अंतिम लक्ष्य सुख की प्राप्ति है। सुख की प्राप्ति के लिए ही वह अनेक क्रियाएं करता है, जबकि सुख कोई भौतिक वस्तु नहीं। यह तो मन की अनुभूति है, जिसे अनुभव करने के लिए मन की आंखें ही चाहिए। मन की आंखें ही इन सुखों की अभिव्यक्ति करती हैं। यदि अपने परिचय क्षेत्र में सुखी व्यक्तियों की जानकारी प्राप्त करना चाहें, तो आपकी यह चाहत बहुत कम ही पूरी होगी, क्योंकि कोई विरला व्यक्ति ही आपको यह कहेगा कि वह सुखी है। कोई कहेगा कि वह शारीरिक रूप से दुखी है, कोई कहेगा कि उसे आर्थिक अभाव है, कोई कहेगा कि वह औलाद से दुखी है, इस प्रकार से हर व्यक्ति अपने-अपने दुखों का रोना रोएगा। जब व्यक्ति के जीवन का लक्ष्य सुखों की प्राप्ति है, तो फिर सभी व्यक्ति दुखी क्यों हैं?

क्या कोई भी व्यक्ति सुखी नहीं? जबकि एक सत्य यह भी है कि संसार सुखों का भंडार है। सबको उसके कर्मों के अनुसार सुख-दुख मिलते हैं। यदि संसार में दुख ही अधिक है, तो फिर यह संसार सुखों का भंडार कैसे है?

संसार के सुख और सौंदर्य को देखें : इस विषय में एक सत्य यह भी है कि ईश्वर ने हमें सभी प्रकार की सुख-सुविधाएं दी हैं। उसने मनुष्य को आंखें दी हैं जिससे कि वह सृष्टि की सुंदर संरचना को अपनी आंखों से देख सके। जिह्वा

दी है जिससे कि वह अनेक प्रकार के स्वादों को चख सके। हाथ-पैर दिए हैं जिससे कि वह क्रियाशील बना रहे। मन में उत्साही और संचारी भाव दिए हैं जिससे कि वह फूलों की तरह हंसता, मुस्कराता रहे। शीतल मंद समीर दी है जिससे कि वह मन-ही-मन पुलकित होता रहे। पक्षियों का-सा मधुर कलरव दिया है जिससे कि अवसादी मन को शांति मिलती रहे। आकाश में उड़ते पक्षी, बहती नदियां और शांत झीलें दी हैं कि उसके संतप्त मन को शांति मिले। प्रकृति के सुंदर-सुंदर दृश्य देखकर भला कौन प्रभावित नहीं होगा ?

जब प्रकृति ने हमें इतनी सुंदर शांतिमयी, सुरम्य गोद दी है, तो फिर अवसाद भरा जीवन क्यों व्यतीत करें ? अतः प्रकृति का आह्वान स्वीकार कर आप भी जीने की कला को जानें।

दुखों का कारण बनावटी जीवन : इस कला का एक ही गुरुमंत्र है कि बनावटी, मुखौटों वाली जिंदगी से बचें। हमारे संसारी दुखों का कारण बनावटी मुखौटों वाली जिंदगी है, जो हमें अपने से दूर करती है। मन में पैदा होने वाली दूसरों के प्रति दुर्भावनाएं हैं। हम दूसरों के प्रति मन में जितने आशंकित होते हैं, उतने ही अधिक दुखी होते हैं। हमारे दुख का कारण हमारा अपना दुख नहीं, बल्कि दूसरों का सुख है। यह ईर्ष्या ही हमें दुखी करती है, वरना आपके पास किस चीज की कमी है ? क्या ईश्वर ने आपको दो हाथ नहीं दिए, बल, बुद्धि, विवेक और शक्ति नहीं दी ? अगर सब कुछ दिया है, तो फिर कमी किस बात की है ? प्रयास कीजिए और अपनी इच्छाओं को पूरा कर लीजिए।

दूसरे हम से ज्यादा कमाते हैं, अच्छा रहते हैं, अच्छा खाते-पीते हैं, तो इससे आपके मन में हीनता नहीं आनी चाहिए। कुछ बातें अवश्य ही विधि के हाथ में हैं। जो बात आपके हाथ में है ही नहीं, उसके लिए दुखी होना मूर्खता नहीं तो और क्या है ? अतः अपनी विवेकसम्यक् सोच को आगे रखें और अनावश्यक दुश्चिंताएं मन में न लाएं। जीवन-मरण, यश-अपयश, हानि-लाभ सब ईश्वर के हाथ में है। इस सत्य को सहज-सरल भाव से स्वीकारें। व्यर्थ में आत्महीनता मन में लाना और फिर इन बातों के लिए संताप करना अविवेकपूर्ण व्यवहार है। ये कुछ ऐसी भावनाएं हैं, जिन्हें सोच-सोचकर रोना मूर्खता के सिवाय कुछ नहीं। इसलिए इन बातों को मन से निकाल फेंकें, जी खोलकर हंसें।

सुखद जीवन के लिए इन्हें आजमाएं : सुखी और समृद्धशाली जीवन-यापन के लिए आप केवल इतना ही करें :

- व्यर्थ की चिंता मन में न लाएं। आशंकाएं पैदा कर भय के भूत को न पालें। आप अपने मन में जितनी चिंताएं पैदा करेंगे, सुख उतने ही कम होते जाएंगे।
- दूसरों के साथ घुल-मिलकर, प्रसन्न मन से जुड़ें। दूसरों की सफलताओं, उपलब्धियों, खुशियों में उनके सहभागी बनें। अपनी ओर से उनकी खुशियों में शामिल हों। उन्हें आशीर्वाद दें। शुभकामनाएं प्रकट करें। उनके प्रयासों की प्रशंसा करें।
- क्षमता, रुचि और साधनों के अनुरूप संतुलित और सादा भोजन करें। खाने के संबंध में इस सिद्धांत का पालन करें कि जीने के लिए खाएं, खाने के लिए न जिएं। जहां तक हो 'फास्ट फूड' से बचें।
- मन में अशांत भाव न पैदा होने दें। जिस व्यवहार पर आपका अधिकार नहीं, जो अनुचित है, सामाजिक रूप से वर्जित है, उसके लिए मन में इच्छाएं पैदा न करें।
- आर्थिक संपन्नता पा जाने के बाद व्यक्ति के मन में अनेक भौतिक इच्छाएं हिलोरें लेने लगती हैं। अधिकांश व्यक्ति इन भौतिक इच्छाओं की पूर्ति के लिए धन, प्रभाव, शक्ति और साधनों का अनुचित प्रयोग करने लगते हैं। इससे न केवल उनका भविष्य बिगड़ जाता है, बल्कि उनका वर्तमान भी पतित होने लगता है। इसीलिए कहा जाता है कि अनुचित धन अनेक बुराइयां लेकर आता है। यदि आप साधन संपन्न हैं अथवा भाग्य से आपकी आर्थिक संपन्नता बढ़ गई है तो इसका उपयोग पर-हित में करें। अपनी शक्तियों, क्षमताओं का उपयोग सामाजिक कार्यों में करें। इससे बढ़ कर संसार में और कोई धर्म नहीं है।
- पड़ोसी के साथ अच्छा नहीं, बहुत अच्छा व्यवहार करें। यहां तक कि यह जानते हुए भी कि उसका व्यवहार कई स्थानों पर आपके प्रति अच्छा नहीं रहा, मन में उसके प्रति प्रतिशोधी विचार न पनपने दें।
- सुख की नींद सोएं। सोने से संसार के कोलाहल, निराशा, अशांति, विषाद, अवसाद से मुक्ति मिलती है। पर्याप्त विश्राम कर लेने के बाद मन में एक अभूतपूर्व शांति की अनुभूति होती है। मन में अनेक प्रकार के दिव्य, नवीन, पवित्र विचार पैदा होते हैं, जो हमें नया करने के लिए उत्साहित करते हैं। मन में आशा और आनंद की अनुभूति पैदा होती है। अशांत रहकर रात भर करवटें बदलते रहने से यह विचार कहीं अधिक श्रेष्ठ है कि भरपूर नींद लें, वह चाहे कृत्रिम ही क्यों न हो।

- मनोरंज़न, व्यायाम अथवा प्रातःकालीन भ्रमण को दैनिक जीवन का अनिवार्य अंग बनाएं। इस प्रकार की क्रियाएं मन में नवीन उत्साह पैदा करती हैं। व्यायाम अथवा प्रातःकाल का भ्रमण एक उत्तम साधन है। यह एक प्रकार का मनोरंजन भी है। प्रकृति का तादात्म्य पाकर मन में जो उत्साह और आनंद की अनुभूति होती है, उससे अंतःकरण प्रसन्न हो उठता है।
- अभिरुचियां विकसित करें। जीवन में आ गई एकरसता से मुक्ति के लिए कोई-न-कोई अभिरुचि अवश्य विकसित करनी चाहिए। पत्र लेखन, पर्यटन, फोटोग्राफी, संगीत-साधना, गायन-वादन, डायरी लिखना, कविता, कहानी लिखना, चित्रकारी या फिर ऐसी ही अन्य अभिरुचियां हैं, विधाएं हैं, जो परमानंद की अनुभूति कराती हैं। इन अभिरुचियों के माध्यम से आप जीने के गूढ़ रहस्यों को भी जान सकते हैं। मन की गहराइयों तक इन कलाओं से जुड़ें। इनमें सफलता प्राप्त करें। ये आपके जीवन को सार्थक बनाएंगी और आप संसार के श्रेष्ठ व्यक्ति बन सकेंगे।
- जीवन जीने की इस कला को अपनाएं। आप पाएंगे कि सुख, वैभव, स्वास्थ्य, सफलता, यश, सभी आपकी राहों में आंखें पसारे खड़े हैं।

❑❑❑

www.ingramcontent.com/pod-product-compliance
Lightning Source LLC
Chambersburg PA
CBHW072156160426
43197CB00012B/2408
* 9 7 8 9 3 8 1 4 4 8 6 7 0 *

"There are so many layers of revelation in this text that it is difficult to point out those which so vividly captured my attention. I do LOVE the 'Holy Days of Opportunity' and the questions posed: 'How do I remind myself that I'm in a relationship with the Divine Other, whose day, like every other, this day is? How do I make it holy as my gift back to God, for God's gift of this day to me?' This work has captured a creative, constructive, complex, complementary, and charming interpretation of the influences that theater can bring to holy liturgy."

—**Linda Potter**, retired Episcopal priest

"*Keeping the Ink Wet* is a brilliant must-read for all 'cast' in liturgical ministries, exploring effective communication, human engagement, and trusting mystery as we strive to answer real human spiritual hungers and thirsts in liturgy. With a very engaging, readable approach, this book is for all who want to freshen their liturgies and stave off the monotony of the 'long runs' endured by presiders and preachers."

—**Jayme Mathias**, pastor, Holy Family Catholic Church, Austin, Texas

"As a member of the Order of Preachers, I found Kevin's book insightful and challenging yet practical and joyously free of jargon. He articulates the theater communication skills presiders and preachers could usefully develop to more fully engage the faith community when celebrating both word and sacrament. This book is a real gift and profound invitation for us, ministers new or seasoned, who want to become more effective in our work."

—**Sharon Casey, OP**, past president, Dominican Sisters of Tacoma

"Theatre and liturgy inhabit the same soul-expanding space, and Kevin Yell brings a passionate engagement to this examination of how dramatic practice can transform the roles of liturgical performer, presider, and preacher. Yell moves easily between a wide range of authorities, from Pope Francis to Richard Rohr, and he also brings a wealth of personal experience to his powerfully argued plea that ministers should learn from the nuts and bolts of an actor's craft."

—**Margaret Wiedemann Hunt**, editor, *Radius Performing*

"As a pastor and worship leader, how can I plan worship to enflesh the living Word for our time and place? Kevin Yell brings his own experience of the theater to the sanctuary to help us encounter the divine. His style is conversational; his personal examples will spur my imagination. Yell helps us create the space and then invites us to let Spirit work. I'll add this to my worship resources!"

—**John Reutter-Harrah**, Lutheran pastor, West Linn, Oregon